D1927964

Annette Utz • Jörg Martin

100 tolle Sachen
zum Spielen und Basteln

Weltbild

Annette Utz • Jörg Martin

100 tolle Sachen zum Spielen und Basteln

Mit Illustrationen von Barbara Pagenkemper
und Fotos von Frank Wiedemeier

Weltbild

Inhalt

Hallo liebe Kinder 6
Tipps und Hinweise 8

Spielzeug für draußen und drinnen 9

1 Autos aus Streichholzschachteln 10
2 Häuser aus Milchtüten 12
3 Lesen üben mit Pfiff 13
4 Milchtütenboot 14
5 Schatztruhe 16
6 Dosenlokomotive 18
7 Fadenspiel 19
8 Plusminus 20
9 Murmelsäckchen 21
10 Dominosteine 22
11 Purzelnder Hase 23
12 Murmel-Torwand 24
13 Eierkartonsprünge 25
14 Würfelpuzzle 26
15 Fangbecher 27
16 Dosenstelzen 28
17 Springseil 29
18 Schießrakete 30
19 Luftballonboot 31
20 Gummiband-Knopf 32

Jetzt hauen wir auf die Pauke 33

21 Glühbirnen-Rassel 34
22 Flaschenxylophon 35
23 Gitarre 36
24 Kazoo 38
25 Pferdepeitschenschlag 39
26 Mini-Xylophon 41
27 Panflöte 42
28 Blumentopf-Glocke 43
29 Posthorn 44

Kleine Künstler 45

30 Teelichtblumen 46
31 Serviettenringe 47
32 Einladungs- und Weihnachtskarten 48
33 Wäscheklammer-Halter 50
34 Sparschwein 51
35 Papiertüten 52
36 Paillettenfiguren 53
37 Stofffiguren 54
38 Geldbeutel 55
39 Stiftebox 56
40 Schale 57
41 Osterkranz 58
42 Silber-Sterne 59
43 Ostereierstab 60
44 Anspitzbilder 61
45 Kleiner Kordel-Elefant 62
46 Libellen 63
47 Bleistifte mit Köpfchen 64
48 Große Mohnblume 65
49 Kosmetiktuch-Box 66

So ein Puppen-Theater 67

50 Stoffmarionette 68
51 Sockenpüppchen 69
52 Vogelmarionette 70
53 Pong-Pong-Männchen 72
54 Handpuppen 73
55 Kronkorken-Frosch 74
56 Kochlöffelpuppe 76
57 Korkfiguren 77
58 Handschuh-Löwe 78

Wir verkleiden und schmücken uns 79

59 Kartoffeldruck-T-Shirt 80
60 Masken 81
61 Federkopfschmuck 82
62 Monsterfüße 83
63 Erdnuss-Nudeljuwelen 84
64 Perücke 85
65 Freibeuter 86
66 Tiermütze 87
67 Zitrusschmuck 88
68 Tigerkopf 89
69 Perlrahmen und Indianer-Armband 90
70 Schmetterlingsflügel 92

Wir haben Hunger, Hunger, Hunger 93

71 Schichtsaft und Fruchtcocktail 94
72 Sommerbowle 96
73 Eintunksoße 97
74 Kalter Hund 98
75 Muntere Muffins 99
76 Pfannkuchengesicht 100
77 Toasthaus 101
78 Witzige Häppchen 102
79 Arme Ritter 103
80 Bananenlollis 104
81 Fisch-Reibekuchen 105
82 Schokokussgesellen 106
83 Brownies 107
84 Würstchen im Schlafrock 108
85 Kekshäuschen 109
86 Gurkenkrokodil 110

Wir basteln mit Naturmaterialien 111

87 Kräutergarten 112
88 Minigarten 113
89 Meisenglocke 114
90 Bemalte Steine 115
91 Zapfenvögel 116
92 Körnerbilder 117
93 Walnuss-Figuren 118
94 Holzfiguren 119
95 Pflanzen pressen/Lesezeichen 120
96 Vulkaninsel 122
97 Vierflügeliges Windrad 124
98 Futterhäuschen 125
99 Blattbötchen 126
100 Wundersame Waldwesen 127

Hallo liebe Kinder

Genau ein Jahr ist es her, seit wir das erste Buch herausgebracht haben. Vielleicht erinnert ihr euch: Es war ein Experimentierbuch mit vielen spannenden und überraschenden Versuchen, die ihr zu Hause leicht nachmachen konntet.

Nun erscheint ein Bastelbuch von uns. Darin geht es um viele pfiffige und witzige Ideen für eure freie Zeit. Wenn ihr also mal nicht wisst, was ihr nach dem Kindergarten oder nach der Schule tun könnt, dann holt dieses Buch hervor und schlagt der Langeweile ein Schnippchen. Wir zeigen euch, wie Monsterfüße entstehen, wie ihr mit leichten Handgriffen Puppen selbst herstellt, was ihr mit alten Dosen, Stoffen und Kartons basteln könnt, wie ihr eure eigenen Spiele herstellt und so weiter.

Die Suche nach den Bastelanleitungen stand unter der Vorgabe, dass die Materialien schnell zur Hand sein sollten – ohne erst ins Kaufhaus oder ins Bastelgeschäft gehen zu müssen. Wir fragten uns zunächst, welche Dinge in Küche oder Werkkeller zu finden sind. Dann entwickelten wir daraus Bastelanleitungen. Manchmal gelang es sogar, einige Sachen vor dem Mülleimer zu bewahren, weil wir daraus Überraschendes basteln konnten. Mit leeren Milchtüten zum Beispiel kann man noch eine ganze Menge machen, mit Konservendosen und trockenen Zitrusfrüchten ebenso.

In diesem Buch haben uns wieder viele Kinder tatkräftig unterstützt. Und das ist vor allem einem Mädchen zu verdanken, nämlich Clara Cremer. Sie ist acht Jahre jung und wohnt in Overhetfeld, das liegt im Rheinland, an der niederländischen Grenze. Als feststand, dass dieses Buch erscheinen sollte, überlegten wir uns, mit welchen Kindern wir das Buch machen könnten. „Ich rufe mal Clara an", sagte Annette. Gesagt, getan. „Hallo Clara", sagte Annette. „Wir wollen ein neues Kinderbuch machen und suchen Kinder, die uns dabei unterstützen können. Kennst du Kinder, die Lust hätten mitzumachen? Sie sollten zwischen vier und acht Jahre alt, begeisterte Bastler und beim Fotografieren geduldig sein."

Clara hörte zu, sagte aber nicht viel – ein gutes Zeichen. Denn wenn sie nicht viel sagt, heißt das so viel wie: Ich habe zwar schon die Lösung, sage sie aber noch nicht, weil ich auf Nummer sicher gehen will und erst meine Freunde frage. „Mal schauen", sagte Clara, „ich rufe dich zurück."

Keine zwei Tage später rief sie an: „Ist geritzt, kann losgehen. Reichen 15 Kinder?" Uns blieb die Spucke weg. Noch größer war unser Erstaunen, als Clara erzählte, wie sie die 15 Kinder zusammengetrommelt hatte. Klar, ein paar Freunde kannte sie aus der Schule. Die waren aber alle gleichaltrig. Jüngere Kinder sollten ja auch mitmachen. Also hat Clara mit ihrer Mutter zusammen Geschwisterpaare in der Nachbarschaft und im Bekanntenkreis gefragt. Zu diesem zählt auch Pfarrerfamilie Mackscheidt, die sofort den neuen Gemeinderaum zur Verfügung gestellt hat – ruckzuck hatte Clara die Schar zusammen. Toll! Hinzu kamen noch ein paar Kinder aus Düsseldorf. Damit konnte es losgehen. Auf den folgenden Seiten könnt ihr euch von dem Ergebnis ein Bild machen.

Im Einzelnen haben an diesem Buch folgende Kinder mitgewirkt:
Lukas Bonus, Clara Cremer, Anna Dirks, Jana und Dominik Doebrick, Tim und Lucas Fleissgarten, Lukas und Kathrin Houbertz, Philipp Knops, Maike Küppers, Alexander und Christopher Lehnen, Ramona Mackscheidt,

Das Bastler-Team

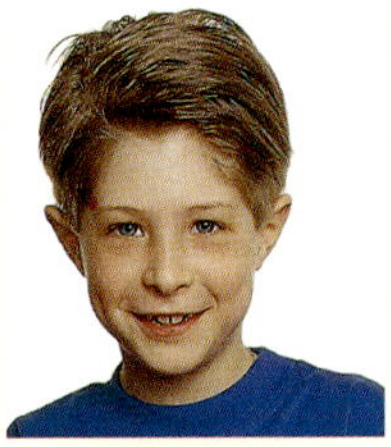
Alexander

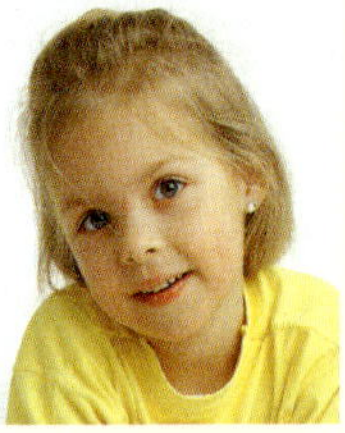
Anna

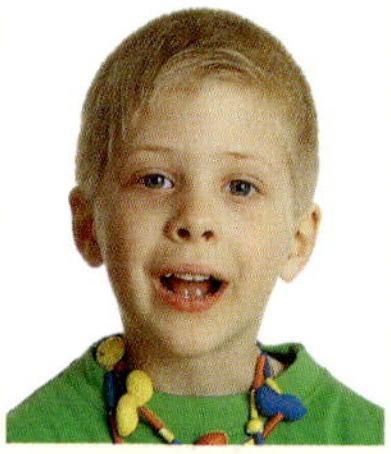
Christopher

Clara

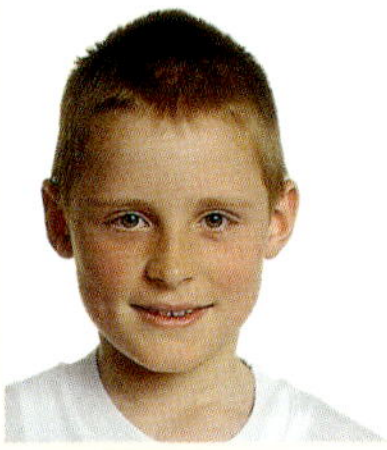
Dominik

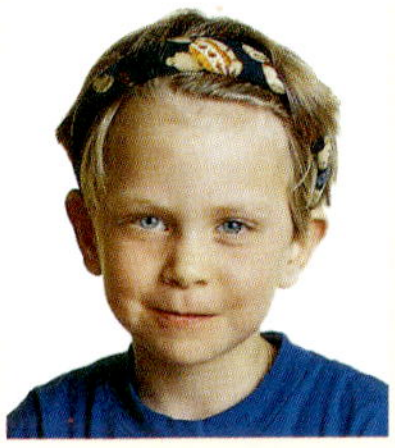
Hannah

Jana

Katharina

Kathrin

Lucas

Lukas

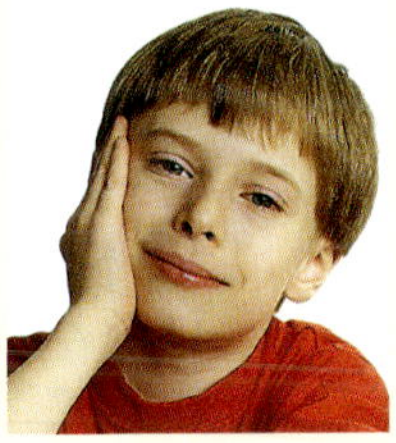
Lukas

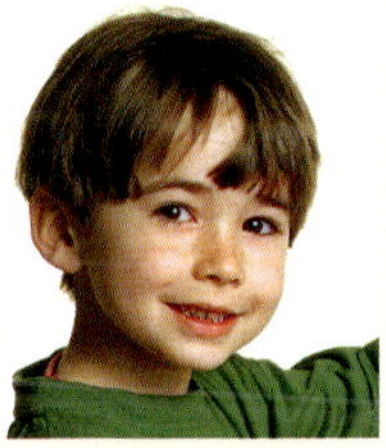
Matthias

Meike

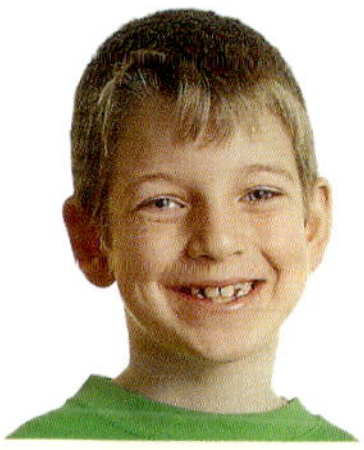
Philipp

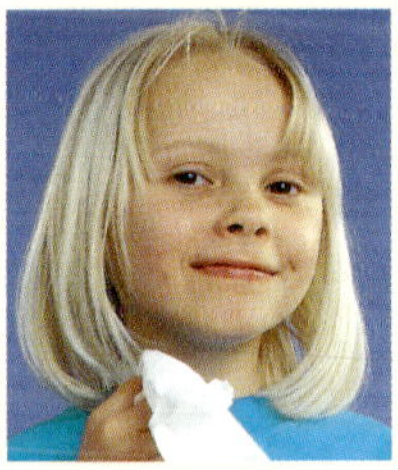
Ramona

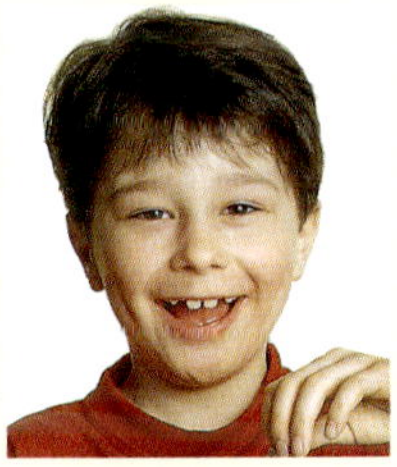
Steffen

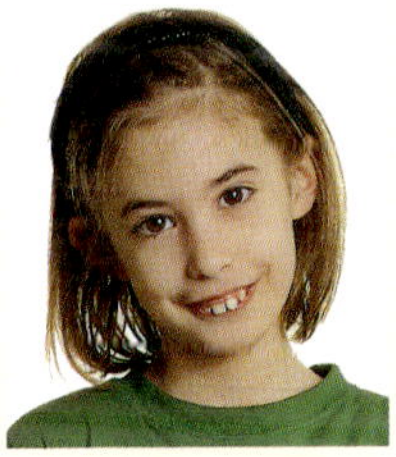
Susanne

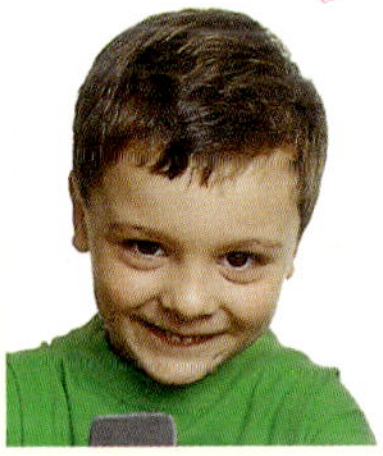
Tim

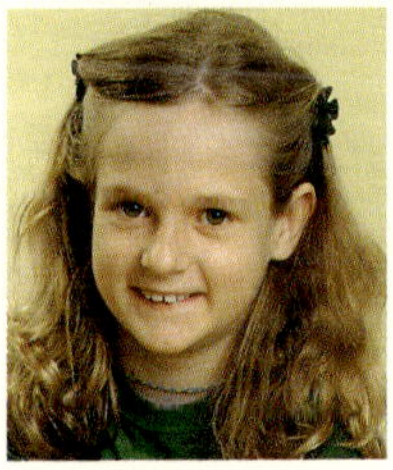
Viktoria

Steffen Meller, Susanne und Matthias Möhrke, Hannah Schneider, Katharina und Viktoria Söntgerath. Insgesamt haben wir sieben Kapitel zusammengetragen, sieben Kapitel mit 100 tollen Sachen zum Spielen und Basteln, die allesamt von Kindern in eurem Alter getestet wurden. Die Kapitel sind farblich markiert, damit du sie schneller finden kannst:

- Spielzeug für draußen und drinnen
- Jetzt hauen wir auf die Pauke
- Kleine Künstler
- So ein Puppentheater
- Wir verkleiden und schmücken uns
- Wir haben Hunger, Hunger, Hunger
- Wir basteln mit Naturmaterialien

Uns haben die Basteleien sehr viel Spaß gemacht, den Kindern in Overhetfeld ebenfalls. Und euch wünschen wir – auch im Namen des Weltbild Verlages – das Gleiche.

Annette Utz Jörg Martin

Tipps und Hinweise

Bevor ihr mit dem Basteln beginnt, solltet ihr euch noch diese Seite durchlesen und die „Zeichensprache" des Buches beherrschen:

1. Am wichtigsten dürfte dieser Kopf sein:

Wenn du ihn auf der Seite siehst, solltest du unbedingt einen Erwachsenen um Hilfe bitten.

2. Auf den farbigen Balken, die du auf jeder Seite links oben und rechts oben siehst, sind neben der Anleitungs-Nummer jeweils kleine Punkte abgedruckt. Sie geben dir den Schwierigkeitsgrad der Bastelanleitung an:

•	Bedeutet: leichte Anleitung, auch für Kinder von vier bis fünf Jahren geeignet.
• •	Bedeutet: mittelschwere Anleitung, für Kinder von sechs bis sieben Jahren geeignet.
• • •	Bedeutet: schwierige Bastelei, die Geschick und viel Geduld erfordert. Geeignet für Kinder von sieben bis acht Jahren.

3. Einige Begriffe und Maßeinheiten solltest du vorher kennen:

m = Meter, 1 m = 100 cm
cm = Zentimeter, 1 cm = 10 mm
l = Liter, 1 l = 100 ml (Milliliter)
g = Gramm, 1000 g = 1 kg (Kilogramm)

4. Abkürzungen
Min. = Minuten, ca. = zirka, ungefähr

5. In einigen Anleitungen ist von „senkrecht" und „waagerecht" die Rede. Die Zeichnungen verdeutlichen, was damit gemeint ist.

Senkrecht: 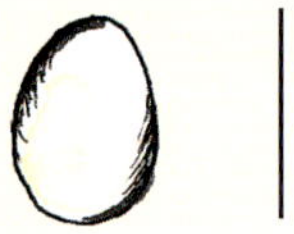

Waagerecht: 

Beachte bitte noch zwei weitere Hinweise:
Bevor du anfängst zu basteln, solltest du **vorher die Materialien zusammentragen** und sie dir auf einem Tisch zurechtlegen. Das erspart dir unliebsame Überraschungen: Mitten im Geschehen festzustellen, dass du keinen Klebstoff hast oder dir die Farben fehlen, ist nicht immer lustig.
Lege am besten auch eine **Bastelkiste** an: In ihr verwahrst du die Sachen, die du immer zum Basteln brauchst: Klebeband, Bleistift, Farben, Pinsel, Stoffreste, Garn, Nadeln, Reißzwecken, Sicherheitsnadeln, Papier, alte Zeitungen und und und. So hast du das wichtigste Material immer zusammen. Apropos „alte Zeitungen": Lege sie vorher immer auf deinem Basteltisch aus. Das erspart dir größere Putzaktionen nach dem Basteln.

Abschließend noch ein Tipp:
Wir zeigen dir zwar in diesem Buch 100 tolle Anleitungen zum Spielen und Basteln – aber natürlich sind das nicht alle, die es gibt. Tagtäglich kannst du neue erfinden, deiner Fähigkeit und Fantasie sind keine Grenzen gesetzt. Aus diesem Grund unser Vorschlag: Schau dir alte Verpackungen genau an, bevor du sie in den Mülleimer tust – vielleicht kannst du sie noch gebrauchen und witzige Dinge aus ihnen basteln.

Spielzeug für draußen und drinnen

Kennst du den Spruch „Zwei Fliegen mit einer Klappe schlagen"? Weißt du auch, was er bedeutet? Die Erklärung ist ganz einfach: Auf den nächsten Seiten findest du zahlreiche Bastelanleitungen. Eine ist spannender und pfiffiger als die andere.

Das Beste aber ist: Es bleibt nicht nur beim Basteln. Mit den gebastelten Sachen kannst du auch toll spielen. Die folgenden Anleitungen bringen also doppelt Spaß: zum einen durch das Basteln, zum anderen durch das anschließende Spielen. Das sind die zwei Fliegen, die du mit einer Klappe schlagen kannst.

Und ganz nebenbei wirst du auch mächtig staunen können: Dinge, die du vorher achtlos weggeworfen hast, verwendest du nun für deine Basteleien – alte Eierkartons zum Beispiel, leere Milchtüten und Konservendosen.

1 Schöne Autos aus Streich

1886 führte der deutsche Ingenieur Carl Benz der Welt das erste Motor getriebene Auto vor. Damals war er 42 Jahre alt. Zur selben Zeit entwickelte der Erfinder Gottlieb Wilhelm Daimler ein ähnliches Gefährt. Daimler zählte 52 Jahre. Und heute, über 100 Jahre später, erblickt dein erstes selbst gebastelte Auto das Licht der Welt. Dass es keinen Motor hat, soll uns nicht stören – schließlich bist du auch einige Jahre jünger als Daimler und Benz.

Das brauchst du

Leere Streichholzschachteln, schwarzen Karton, Korken, Reißzwecken, Klebstoff, 1 Schere, Acrylfarben, Pinsel

Lastwagen

So geht's

- 1. Nimm zwei Streichholzschachteln und zieh die Innenteile – also die Schubladen – heraus. Kürze die Korken, sodass sie nicht länger sind als die Breite der Schublade. Klebe je zwei Korken hinein, sodass sich die kreisrunden Flächen der Korken nebeneinander an der Längsseite der Schubladen befinden.
- 2. Dann klebst du die beiden Teile der Länge nach hintereinander.
- 3. Eine weitere Schublade klebst du mit der offenen Fläche nach oben auf die hintere Fläche mit den Rädern. Das ist die Ladefläche des Lastwagens.
- 4. Schneide dann eine Hülle der Höhe nach in zwei Hälften. Klebe eine davon quer auf den vorderen Schubladenteil direkt an die Ladefläche des LKWs. Das ist das Führerhäuschen.
- 5. Male den Lastwagen an.

Transporter

So geht's

- 1. Nimm eine Streichholzschachtel und ziehe die Schublade heraus.
- 2. Schneide die Umhüllung oben, seitlich an den Rändern ein (Abbildung). Wenn du die Mitte der Umhüllung erreichst, schneidest du nicht mehr weiter. Knicke nun das ausgeschnittene Stück (rote Fläche) hoch. Das ist die Windschutzscheibe deines Transporters.

Der Aufbau deines Transporters:

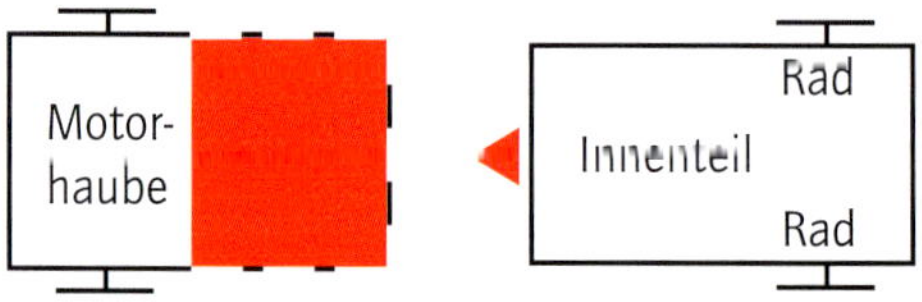

- 3. Den Innenteil der Streichholzschachtel schiebst du bis zur Mitte in die Umhüllung. Klebe ihn an den Rändern und am Unterboden fest. Das ist die Ladefläche des Transporters.
- 4. Aus schwarzem Karton schneidest du vier gleich große Räder. Diese befestigst du mit einer Reißzwecke an den Seiten des Fahrzeugs (Abbildung).
- 5. Bemale abschließend die Flächen. Fertig ist der Transporter.

Auto

So geht's

- 1. Für das Auto brauchst du wieder die Schublade der Streichholzschachtel. Klebe zwei Korken hinein, sodass sich die kreisrunden Flächen der Korken nebeneinander an der Längsseite der Schublade befinden.
- 2. Die Hülle der Schachtel schneidest du der Höhe nach in der Mitte durch.
- 3. Eine Hälfte klebst du mittig auf die Oberseite des Schubladenteils. Dabei sollten die offenen Seiten nach vorn und nach hinten zeigen. Das sind Heckfenster und Windschutzscheibe.
- 4. Nun kannst du das Auto anmalen. Vergiss vorne nicht die Scheinwerfer des Autos

2 Häuser aus Milchtüten

Aus Milchtüten kann man prima Häuser bauen: Aus der Ein-Liter-Packung machst du mehrgeschossige Hochhäuser und aus der Halbliter-Packung bastelst du ganz normale, kleinere Häuser. Wie du eine richtige Stadt mit Straßen und Spielplätzen entwerfen kannst, sagt dir der Tipp. Mit den selbst gebastelten Autos von Seite 10 und 11 kannst du dann deine kleine Stadt erkunden – wer weiß, was es dort alles zu entdecken gibt?

Das brauchst du

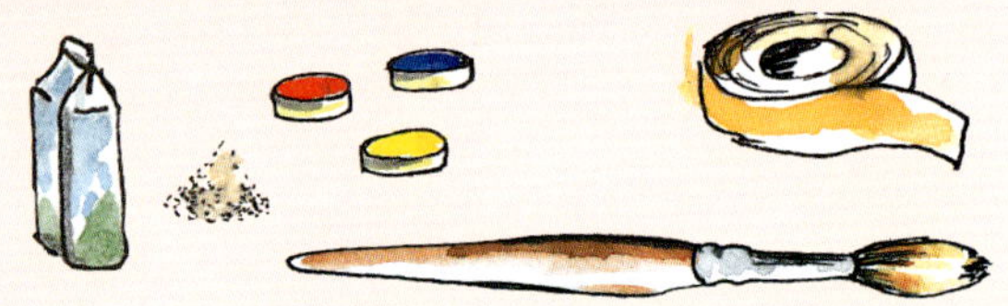

Leere, saubere Milchtüten, Sand, Acrylfarben und Pinsel, Klebeband

Tipp

Wenn du auf einer großen, hellen Pappe Straßen und Grünflächen aufmalst, kannst du darauf deine Stadt aufbauen.

So geht's

1. Damit das Haus nicht bei jedem Windstoß umfällt, kannst du etwas Sand in die Milchtüten füllen. Klebe danach die Milchtüten mit Klebeband zu.
2. Bemale die Tüten in einer Grundfarbe. Warte, bis die Farbe getrocknet ist.
3. Male dann Fenster und Türen auf. Das Dach ist der spitz zulaufende Teil der Tüte. Wenn du ihn rot anmalst, hat dein Haus richtige Dachziegel. Denke auch an einen Schornstein!

Lesen üben mit Pfiff 3

Hast du eine kleine Schwester oder einen kleinen Bruder, dem das Lesen-Üben einfach keine Freude macht? Hier ist die Lösung. Sie heißt: Leseschachteln. Eigentlich sind diese Leseschachteln Bestandteil eines netten Spieles, das in erster Linie für Spaß und Spannung sorgt. Ganz nebenbei aber lernt man auch noch zu lesen. Also: Frage mal deinen Bruder oder deine Schwester, ob sie Lust auf ein spannendes und spaßiges Spiel haben ...

Das brauchst du

Viele Streichholzschachteln, bunte Klebefolie (oft als Reststücke kostenlos in Fachgeschäften erhältlich), schmale weiße Etiketten, schwarzen oder blauen Filzstift, viele verschiedene winzige Figuren, die in eine Streicholzschachtel passen (z. B. Moosgummi-Figuren, kleine Tiere aus dem Spielwarengeschäft, Pfennig, Knopf, Briefmarke, Streichholz, Nadel, Bonbon, Schlüssel), 1 Schere

So geht's

1. Die meiste Zeit wirst du wahrscheinlich dafür verwenden, die vielen kleinen Figuren und Dinge zu besorgen. Aber begib dich auf die Suche, du wirst staunen, wie viele Sachen du finden wirst.
2. Beklebe die leeren Streichholzschachteln rundum mit Folie. Klebe auf eine Seite ein weißes Etikett.
3. Lege in die Streichholzschachteln jeweils einen Gegenstand.
4. Schreibe jeweils auf die Etiketten, was sich in der Streichholzschachtel befindet.
5. Nun kann das Spiel beginnen: Dein Geschwisterchen wählt eine Schachtel und versucht, das Wort auf der Schachtel zu lesen. Dann wird es spannend: Es öffnet die Schachtel und kann überprüfen, ob es richtig gelesen hat.

Tipp

Versuch's auch mal mit essbaren Dingen, das macht besonders viel Spaß: Kandis, Rosinen, Brausebonbon, Kaubonbon, Kaugummi und Lakritz!
Hat dein Geschwisterchen richtig gelesen, darf es den Inhalt essen! So „schmeckt" ihm das Lesen besonders gut!

4 Milchtütenboot

Du hast sie sicherlich schon mal auf einem Fluss gesehen, die langen und schwer beladenen Binnenschiffe. Sie sind die „Brummis" der Wasserstraßen und transportieren Kohle, Öl, Gas, Metall ... Sie sind rund 85 Meter lang und 9,5 Meter breit, und sie können bis zu 1.350 Tonnen Ladung aufnehmen – das entspricht etwa dem Gewicht von 1.000 Autos. Welche Fracht kann dein Boot aufnehmen? Und wie schwer kannst du es beladen?

Das brauchst du

1 große Milchpackung mit Giebellasche, Acrylfarben, Pinsel, 1 Korken, Wäscheklammern, Papier, 1 Filzstift, Klebstoff, Watte, 1 Zahnstocher, 1 Schere

So geht's

1. Schneide die Milchtüte längs in zwei Hälften, spüle sie mit Wasser aus und trockne sie.
2. Eine Hälfte lässt du, wie sie ist. Sie wird das Boot. Aus der anderen Hälfte schneidest du einen etwa 8 cm breiten Streifen. Das wird die Kabine. Wenn du den Streifen entlang der Falz knickst, erhältst du diese Form:

3. Bestreiche die äußeren Kanten der Kabinenseitenteile mit Klebstoff (rote Punkte) und drücke sie an die Innenseite der Bootswand. Nimm dabei die Wäscheklammern zu Hilfe. Sie drücken für dich die Seitenteile an die Bootswand, bis der Klebstoff trocken ist.
4. Bitte einen Erwachsenen, den Korken in zwei Längshälften zu schneiden. Klebe eine Hälfte auf den hinteren Teil des Daches.
5. Drehe ein 4 x 6 cm großes Papierstück um einen dickeren Filzstift. Klebe es am Ende fest, sodass du eine Papierrolle erhältst. Nachdem der Klebstoff getrocknet ist, streifst du die Rolle von dem Filzstift ab. Das ist der Schornstein. Klebe ihn auf das Dach des Bootes.

▶ 6. Nun kannst du das Boot anmalen. Du kannst das Boot auch dekorieren: Schneide vier 3 x 2 cm große Stücke aus dem Papier. Das sind die Fenster. Klebe jeweils zwei Fenster auf eine Kabinenseite.

▶ 7. Halbiere einen Zahnstocher. Schneide eine Bootsflagge aus dem Papier und klebe sie an das obere Teil des Zahnstochers. Das spitze Ende drückst du in die Korkenhälfte, die du auf das Dach geklebt hast.

▶ 8. Schreibe den Namen deines Bootes auf ein Stück Papier und klebe es auf das Vorderteil des Schiffes. Das ist der „Bug", das hintere Ende eines Schiffes heißt „Heck".

▶ 9. Schneide dann aus dem Rest der zweiten Milchtütenhälfte ein Ruder (2,5 x 3,5 cm). Schneide es von unten bis zur Hälfte ein. Das Heck des Bootes schneidest du ebenfalls mittig und von oben 1,5 cm ein. Schiebe das Ruder über die Einschnitte in das Heck hinein.

5 Schatztruhe

Bestimmt hast du ein paar wertvolle Schätze, die du in einer Schatztruhe gerne aufbewahren möchtest – zum Beispiel kostbare Basteleien, geheime Briefe deiner Freunde, eine supergeheimnisvolle Schatzkarte, ein paar schillernde Steine, seltene Muscheln, eine Schlüsselsammlung und und und. Solltest du keine Schätze haben, dann ist die Kiste hervorragend geeignet, um das Bastelmaterial – Papier, Farben und Stoffe – darin aufzubewahren.

Das brauchst du

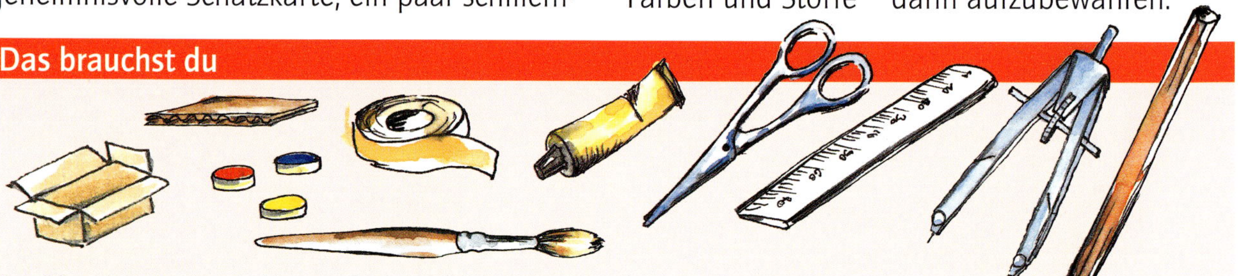

2 größere Pappkartons, beide etwa in der gleichen Größe und Form, Pappe, Farben, Pinsel, Kreppklebeband, Klebstoff, 1 Schere, 1 Lineal, 1 Zirkel, 1 Bleistift

So geht's

▶ 1. Nimm den Karton und schneide drei der Deckelklappen ab. Eine von den beiden längeren lässt du stehen. Lege die anderen Klappen zur Seite.

▶ 2. Entfalte die zweite Schachtel vollständig, sodass du die nebenstehende Form erhältst. Schneide die längeren Seitenteile (gelbe Flächen) ab und lege sie zur Seite.

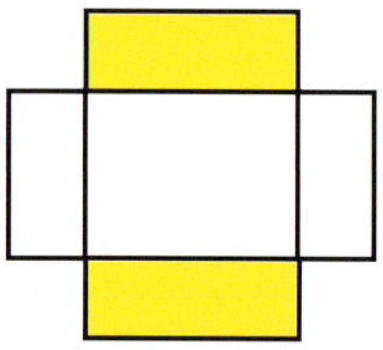

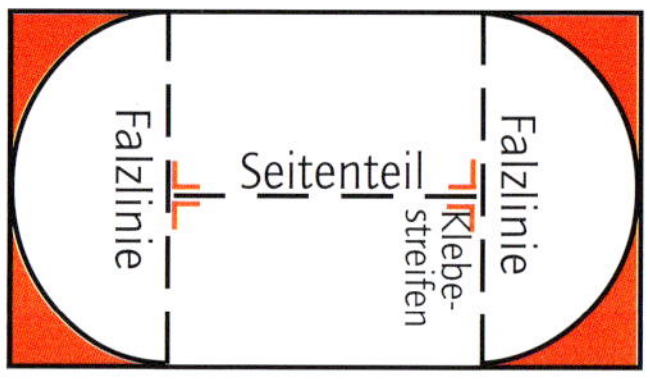

▶ 3. Jetzt nimmst du den Zirkel und zeichnest auf die Enden der Pappfläche jeweils einen Kreis. Schau dir die Abbildung an. Schneide entlang der Linie die Ecken der Pappe ab (die roten Felder), sodass die Enden rund sind.

▶ 4. Biege jetzt die Halbkreis-Enden entlang der Kartonfalzlinie hoch. In die Mitte dazwischen stellst du das Seitenteil, das du vorher abgeschnitten hast. Nun klebst du mit Klebestreifen das Seitenteil an den hochgebogenen Halbkreis-Enden fest.

▶ 5. Nun brauchst du ein Stück Pappe, das du über diese halbrunde Form biegen kannst. Die Pappe muss vorher ein wenig gebogen werden. Klebe die Pappe so auf die beiden hochgebogenen Halbkreis-Enden, dass sie mit ihnen abschließt. Damit die Konstruktion besser hält, sichere sie mit

Kreppklebeband. Der Deckel deiner Schatztruhe ist fertig.

▶ 6. Nimm nun den Karton, der die Truhe bildet. Zeichne auf der verbliebenen Deckelklappe in der Mitte ein Viereck ein und schneide es aus, sodass zwei Seitenlaschen (rote Flächen) stehen bleiben.

Deckelklappe

▶ 7. Die äußeren Flächen der Seitenlaschen streichst du mit Klebstoff ein. Dann drückst du die Laschen an die untere Fläche des Deckels. Achte darauf, dass dabei der Deckel genau auf der Truhe liegt. Halte Lasche und Deckel ein paar Minuten fest, bis der Klebstoff angetrocknet ist.

▶ 8. Male die Schatztruhe dann an.

6 Dosenlokomotive

Beinahe jedes Kind träumt davon, Lokomotivführer zu werden. Das ist ja auch eine tolle Sache: Du kannst riesige weiße Dampfwolken aufsteigen lassen und mit einer mächtig lauten Pfeife herumtuten. Und schließlich stehst du ganz vorn in der Lok und lässt dir bei voller Fahrt den Wind um die Nase wehen. – Leider können wir dir keine Bastelanleitung für eine echte Lokomotive bieten. Aber vielleicht reicht dir ja die kleinere Dosenlok.

Das brauchst du

1 rechteckige Holzplatte, 10 Kronkorken, 1 Metalldose, 2 Korken, ein paar kleine Nägel, Watte, Pappe, Klebstoff, 1 Schere, 1 Hammer

So geht's

- 1. Befestige mit kleinen Nägeln die Kronkorken an der Holzplatte. Schaue dir das Foto genau an.
- 2. Klebe die Dose auf der Platte fest.
- 3. Bitte einen Erwachsenen, einen Korken in Scheiben zu schneiden. Diese Scheiben klebst du als Scheinwerfer vorne auf der Dose fest.
- 4. Einen Korken lässt du ganz. Befestige ihn oben auf der Dose – als Schornstein. Dekoriere ihn mit Watte.
- 5. Aus Pappe baust du ein Führerhaus und bringst es an der Dose an.
- 6. Du kannst mit diesen Materialien – Holzbrett, Kronkorken und Pappe – auch Waggons herstellen.

Fadenspiel 7

Es ist schon verblüffend, wie viel Spaß ein einzelnes Kunststoff-Band bereiten kann. Und dann die Namen dieser Fadenspiele: „Badewanne" heißen sie und „Schweinchen auf der Leiter" – komisch! Und schaut man den Profis bei diesen Zaubereien zu, verschlägt es einem den Atem. Ruckzuck wird der Faden zwischen den Händen zu wirren Mustern verwoben – und nie, wirklich nie bleibt ein Knoten zurück. Respekt dem, der es kann!

Das brauchst du

1 etwa 1,20 m langes PVC-Kunststoffband (bekommst du im Baumarkt), 1 Feuerzeug, 1 erwachsene Person zur Aufsicht

So geht's

1. Halte die Enden deines Kunststoff-Bandes aneinander. Achte aber darauf, dass deine Finger mindestens 2 cm von den Enden entfernt sind!
2. Bitte einen Erwachsenen, das brennende Feuerzeug unter die Enden zu halten. Du wirst sehen, die Enden schmelzen ineinander!
3. Warte einige Sekunden, dann kannst du das geschmolzene Ende glatt streichen. Fertig ist dein Endlos-Band für die Fadenspiele.

Tipp

Natürlich kannst du dir auch ein Band zusammenzwirbeln. Nimm einen Baumwollfaden, der ungefähr 2,50 Meter lang ist. Knote ihn mit einem Ende an einer Türklinke fest. Ziehe den Faden stramm und zwirble ihn nach rechts oder links. Zwirble so lange, bis sich der Faden von selbst zusammenzieht. Dann bittest du einen Freund oder deine Eltern, das Band in der Mitte festzuhalten. Du gehst mit deinem Band-Ende zur Türklinke, führst die beiden Enden zusammen und hältst sie fest. Dann soll dein Freund das Band in der Mitte loslassen, sodass es sich ineinander dreht. Die Schlaufe an der Türklinke schneidest du einfach vom Band ab. Jetzt musst du das Band noch gerade ziehen und die beide Enden sauber verknoten.

8 Plusminus

Wenn du mal keine Lust auf Mathe hast, was hörst du dann von den Erwachsenen? „Kind, du lernst fürs Leben, und das ist nun mal kein Zuckerschlecken!" Du trollst dich dann in dein Zimmer und büffelst angestrengt.

Was würdest du aber sagen, wenn deine Eltern dir anbieten würden, mit dir das Plusminus-Spiel zu spielen? Jede Wette: Du hättest sofort Lust auf Mathe und würdest deine Oldies haushoch schlagen.

Das brauchst du

1 Holzlatte von 30 cm Länge, 10 kleine Scharniere, dazu passende Nägel, 1 Hammer, 10 kleine runde Etiketten, 1 schwarzen Filzstift, 2 Würfel, Klebstoff

So geht's

- 1. Hämmere die Scharniere in gleichen Abständen nebeneinander auf die Holzlatte.
  Hinweis: Das Befestigen der Scharniere erfordert etwas Geschick.
- 2. Schreibe auf die Etiketten die Zahlen 1 bis 10.
- 3. Klebe die Etiketten auf die Innenseite des aufklappbaren Scharnierteils. Beginne links außen mit der kleinsten Zahl. Rechts außen soll die Zahl 10 stehen.
- 4. Nun könnt ihr das Spiel zu zweit oder zu dritt spielen: Zu Beginn müssen alle Scharniere aufgeklappt sein. Gewürfelt wird immer mit beiden Würfeln. Der erste Spieler nimmt die Würfel und fängt an. Mit den beiden gewürfelten Augenzahlen muss er eine Plus- oder eine Minusaufgabe rechnen, zum Beispiel so: Die Würfel zeigen 5 und 2. Dann kann man entweder 5+2 oder 5−2 rechnen. Die Ergebnisse wären entweder 7 oder 3. Der erste Spieler kann die Scharniere 7 oder 3 zuklappen. Nun kommt der nächste dran und würfelt. Gewonnen hat derjenige, der das letzte Scharnier zugeklappt hat. Erhält jemand Ergebnisse, die bereits zugeklappt sind, muss er passen.

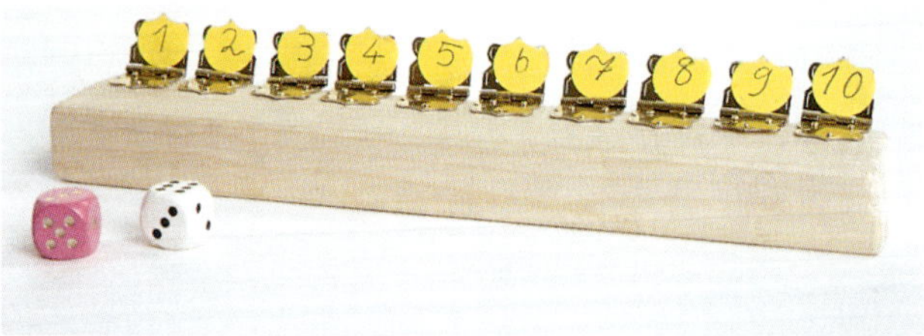

Murmelsäckchen 9

Die bunten und schillernden Murmeln sind einfach klasse – ein kleiner Schatz, den man entsprechend hüten sollte. Und damit es deine Murmeln schön bequem haben und nach dem Spielen warm und trocken aufgehoben sind, schlagen wir dir vor, ein Murmelsäckchen zu nähen. Und wenn du keine Glaskugeln hast, dann kannst du das Säckchen auch für andere Dinge verwenden, für kostbare Steine zum Beispiel oder für ausländische Münzen.

Das brauchst du

1 rechteckiges Stück weißer Stoff, 1 Zackenschere, weißes Garn, 1 Bleistift, 1 Lineal, 1 Nähnadel, Zeitungspapier, Wasserfarben, Becher mit Wasser, Pinsel, Wollschnur

Das musst du vorher wissen

- Wie man einen Faden durch die Nadel einfädelt
- Wie man einen Knoten am Ende des Fadens bindet
- Wie man näht

So geht's

▶ 1. Lege das Stoffstück auf Zeitungspapier und male es mit den Wasserfarben bunt an. Dann lass die Farbe auf der Heizung oder der Fensterbank trocknen.

▶ 2. Falte den trockenen Stoff zur Hälfte. Achte darauf, dass das Muster innen ist. Schneide mit der Zackenschere Zacken am linken und am rechten Rand ein. Die oberen Ränder stülpst du jeweils nach außen etwas um.

▶ 3. Zeichne mit dem Bleistift und dem Lineal 1 bis 2 cm vom Zackenrand entfernt eine Nählinie ein.

▶ 4. Nun nähe den oberen und den unteren Stoff entlang der Linie zusammen.

▶ 5. Wende den Stoff dann nach außen.

▶ 6. Schneide ein längeres Stück Wolle ab. Mit dieser Wollschnur kannst du nun dein Murmelsäckchen zuschnüren.

Tipp

Die Bastelanleitung Nr. 12 auf Seite 24 zeigt dir ein tolles Spiel für deine Murmeln.

•• 10 Dominosteine

Mmh, lecker: Dominosteine. Du kennst sie wahrscheinlich aus der Weihnachtszeit als süße Leckerei. Aber ach: Diese Dominosteine meinen wir gar nicht. Es geht nicht um leckere Süßigkeiten, sondern um ein altes Legespiel, das schon deine Urgroßeltern gespielt haben. Da die Herstellung der Dominosteine etwas aufwändig ist, stellen wir dir das 28-teilige Spiel vor. Aber wenn du magst, kannst du auch 36, 45 oder 55 Dominosteine basteln.

Das brauchst du

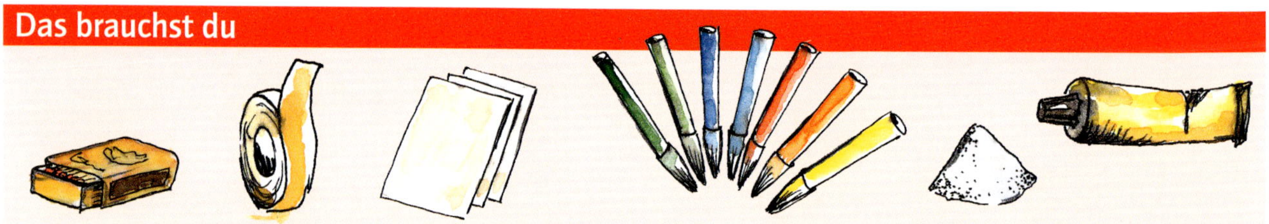

28 leere Streichholzschachteln, Kreppklebeband oder Tapezierklebeband, weißes Papier oder weißes Klebeband, schwarzen Filzstift, Sand oder Reis, Klebstoff

So geht's

1. Fülle den Sand oder den Reis in die Schachteln und klebe sie mit dem Kreppklebeband zu, damit nichts herausrieselt.
2. Dann beklebst du die Schachteln mit weißem Papier. Oder du umwickelst die Schachtel mit dem weißen Klebeband. Wenn beides nicht zur Verfügung steht, bemalst du sie mit weißer Farbe.
3. Dann malst du mit einem schwarzen Filzstift auf die weiße Oberseite der Schachtel eine Linie, die die Schachtel in der Höhe teilt. Du hast nun zwei gleich große Felder.
4. Nun malst du in die Felder schwarze Punkte, und zwar in dieser Aufteilung: 0-0, 1-0, 1-1, 2-0, 2-1, 2-2, 3-0, 3-1, 3-2, 3-3, 4-0, 4-1, 4-2, 4-3, 4-4, 5-0, 5-1, 5-2, 5-3, 5-4, 5-5, 6-0, 6-1, 6-2, 6-3, 6-4, 6-5, 6-6. Fertig ist das Dominospiel.
   Wenn du die Siebener-Reihe hinzufügst – 7-0, 7-1, 7-2, 7-3, 7-4, 7-5, 7-6, 7-7 – erhältst du das 36er Spiel, mit der Achter-Reihe das 45er. Und wenn du die Schachteln 9-0 bis 9-9 hinzufügst, kannst du insgesamt 55 Dominosteine legen.
   Zum **Spielen** mischst du die Schachteln, teilst sie unter 2 bis 4 Mitspielern auf und fängst mit einer Schachtel an, zum Beispiel mit der 2-1-Schachtel. Der nächste Mitspieler muss nun eine Schachtel mit zwei oder mit einem Punkt anlegen. Er hat zum Beispiel die 6-2-Schachtel und legt sie an die zwei Punkte der ersten Schachtel. Wer keine passende Schachtel hat, muss passen.
   Wer als Erster keine Steine mehr hat, hat gewonnen.

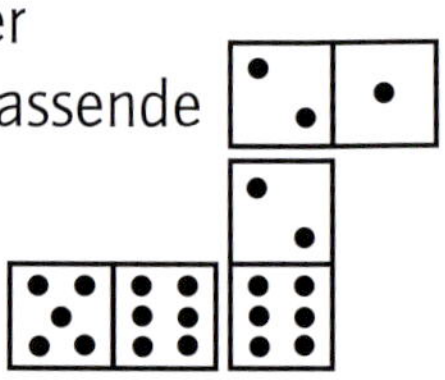

Purzel-Hase 11 ••

Du weißt vielleicht über Hasen, dass sie Haken schlagen können. Sie laufen dann ganz schnell im Zickzack-Kurs. Damit hängen sie unliebsame Verfolger ab, wie zum Beispiel Hunde, die die Laufrichtung nicht so schnell ändern können. Doch ein Hase, der Purzelbäume schlägt, ist neu und einmalig. Warum er das tut, weiß man nicht. Vielleicht freut er sich so sehr über Ostern, dass er nicht anders kann und kopfüber durch die Gegend purzelt.

Das brauchst du

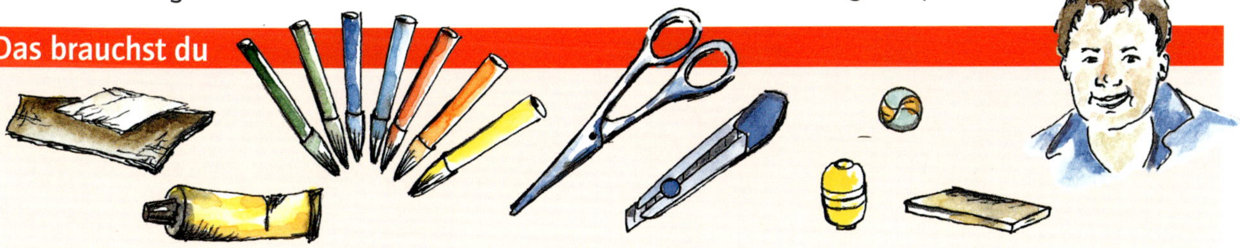

Möglichst braunen Filz, 1 dünnen schwarzen Filzstift, Filzreste in verschiedenen Farben, Klebstoff, 1 Schere, 1 Teppichmesser, 1 leeres Überraschungsei, 1 mittelgroße Murmel, 1 Holzbrett

So geht's

1. Vergrößere das Hasenmuster und den Kreis auf dem Kopierer um 400 Prozent. Schneide die Teile aus und lege die Muster auf den braunen Filz. Nun übertrage den Kreis einmal, das Hasenmuster zweimal auf den Filz.
2. Schneide den Kreis und die beiden Filzhasen aus. Innenohren, Augen, Schnauze, Pfötchen und Schwänzchen kannst du entweder mit dem schwarzen Filzstift aufmalen oder sie aus den Filzresten schneiden und aufkleben.
3. Schneide mit dem Teppichmesser den abstehenden kleinen runden Rand des Überraschungseis ab. Achtung: Lass dir dabei von einem Erwachsenen helfen!
4. Lege die Murmel in das Überraschungsei und verschließe es.
5. Klebe auf das eine Ende des Eis den kreisförmigen Filz. Das ist das obere Ende.
6. Lege das Ei zwischen die beiden Hasenkopfteile.
7. Klebe die beiden Hasenteile zusammen.
8. Lass den Klebstoff 15 Minuten trocknen. Jetzt brauchst du noch ein Holzbrett. Stelle das Brett mit dem einen Ende auf den Boden und halte das andere Ende hoch, sodass das Brett schräg steht.

Wickle die Hasenbeine um den Kopf und setze den Hasen oben aufs Brett. Gib ihm einen kleinen Schubs: Dein Hase schlägt Purzelbäume!

Vorderteil: mit Gesicht
Hinterteil: ohne Gesicht

12 Murmel-Torwand

Das Tor anpeilen, Schuss und – wieder daneben! Konzentration und Fingerspitzengefühl solltest du für dieses Spiel schon mitbringen. Denn wenn zwischen dir und der Torwand ein bis zwei Meter liegen, ist es gar nicht leicht, die Glaskugel durch das Loch zu murmeln. Und dann hat dein Freund auch noch einen Vorsprung von fünf Punkten. Jeder Schuss muss nun ein Treffer sein: Es geht schließlich um den bedeutenden Titel des „Tormurmlerkönigs".

Das brauchst du

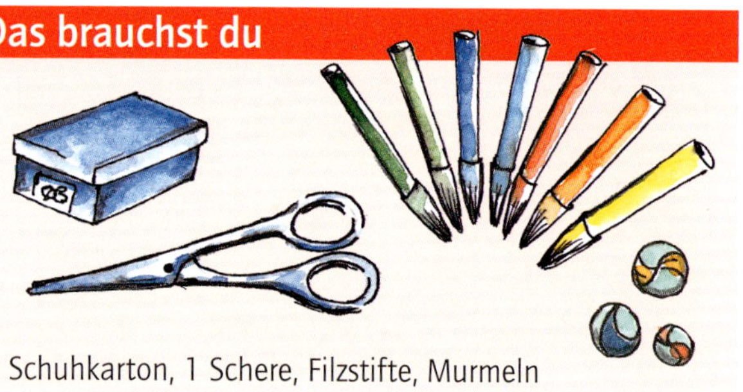

1 Schuhkarton, 1 Schere, Filzstifte, Murmeln

So geht's

1. Zeichne mit dem Filzstift auf der längeren und nach oben hin offenen Seite des Schuhkartons drei unterschiedlich große Tore ein. Nimm eventuell Geldmünzen (ein 5-Mark- und ein 1-Markstück) sowie ein kleines Glas zu Hilfe.
2. Schneide die Tore mit der Schere aus.
3. Schreibe über die Tore drei verschiedene Punktzahlen auf, zum Beispiel 10, 50, 100 oder 1, 5, 10.
4. Wenn du Lust hast, kannst du deinen Karton noch farbig bemalen.
5. Jetzt brauchst du nur noch einen Spielpartner, mit dem du abwechselnd die Murmeln durch die Tore schießen kannst. Wer die höchste Punktzahl erreicht, hat gewonnen.

Tipp
Die Bastelanleitung Nr. 9 auf Seite 21 zeigt dir, wie du für deine Murmeln ein kleines Säckchen nähen kannst.

Eierkartonsprünge 13

Aus einem alten Eierkarton und mit einem Kuchenheber und etwas Wasserfarbe kannst du dir ein tolles Spiel basteln. Am meisten Spaß macht es, wenn du mit mehreren Freunden spielst. Um bei den Eierkartonsprüngen Punkte zu erzielen, brauchst du etwas Fingerspitzengefühl – und Glück. Ohne Glück läuft bei diesem Spiel nichts. Bei einer Pechsträhne hilft also nur eines: Zähne zusammenbeißen und auf bessere Zeiten hoffen.

Das brauchst du

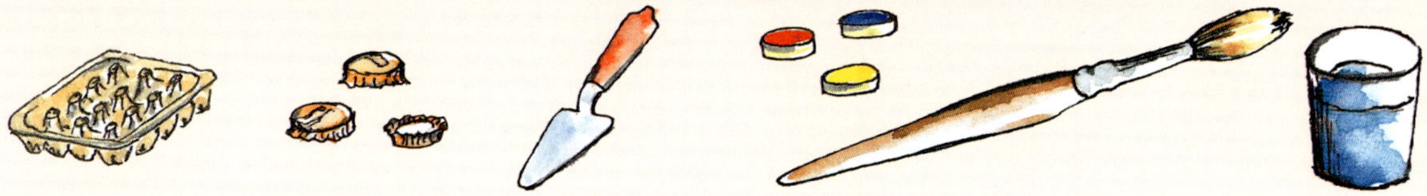

1 Eierkarton-Palette, viele Kronkorken, einen Kuchen- oder Pfannenheber (mit angewinkeltem Griff), Wasserfarben, Pinsel, 1 Becher mit Wasser

So geht's

1. Male die Karton-Vertiefungen in drei verschiedenen Farben an.
2. Nun kann's schon losgehen! Bestimme, welche Punktzahl einer Farbe zugeordnet ist. Wenn du z. B. die Farben Rot, Blau und Gelb im Eierkarton gewählt hast, dann könnte
   Rot die Punktzahl 1,
   Blau die Punktzahl 5 und
   Gelb die Punktzahl 10
   bedeuten.
   Lege den Kuchenheber vor den Eierkarton so hin, dass der Griff vom Karton wegzeigt. Auf das Griffende legst du einen Kronkorken. Wenn du nun schnell auf die Hebefläche drückst, fliegt der Korken im hohen Bogen zum Eierkarton. Landet er in einem farbigen Feld, so hast du Punkte erzielt! Landet er daneben, bekommst du keinen Punkt. Wechselt euch mit dem Kronkorken-Schießen ab. Wer die meisten Punkte erzielt, hat gewonnen.

Hinweis

Das Spiel macht mit mehreren Freunden am meisten Spaß.

••• 14 Würfelpuzzle

Vorsicht: Das Würfelpuzzle ist nur etwas für Kinder mit starken Nerven, für Tüftler, die sich durch nichts aus der Ruhe bringen lassen. Dieses Spiel dürfte so ziemlich die härteste Nuss sein, die du jemals geknackt hast. Ein Tipp sei dir noch mit auf den Weg gegeben: Frage nie deine Eltern, ob sie dir beim Puzzeln helfen können – sie können es auch nicht besser als du. Und darüber können sie zuweilen recht ärgerlich werden.

Das brauchst du

27 gleich große Rohwürfel ohne abgerundete Kanten (bekommst du im Bastelgeschäft), Holzkleber

So geht's

1. Klebe die einzelnen Würfel zu 7 Puzzleteilen zusammen. Schau dir die Abbildungen an.
2. Warte ungefähr 30 Minuten, bis der Kleber getrocknet ist.
3. Nun ist dein Puzzle fertig. Versuche nun, aus diesen Puzzleteilen einen großen Würfel zu bauen.
4. Nicht verzweifeln, das Puzzle erfordert etwas Geduld!

Auf der letzten Seite verraten wir dir, mit welchen Teilen du beginnen musst. Den Rest musst du dann selbst herausfinden, in Ordnung?

Fangbecher 15 ••

Es sieht ganz leicht aus, erfordert aber eine Menge Übung – das Spiel mit dem Fangbecher. Auch hier gilt: Es ist noch kein Meister vom Himmel gefallen. Also: üben, üben, üben. Wenn du mehrere Becher hast und mit deinen Freunden spielst, dann stellt euch in einiger Entfernung zueinander auf. Manchmal ist die Flugbahn der Holzkugel nicht genau vorherzusehen, und dann landen sie vielleicht – „Aua!" – auf euren Köpfen.

Das brauchst du

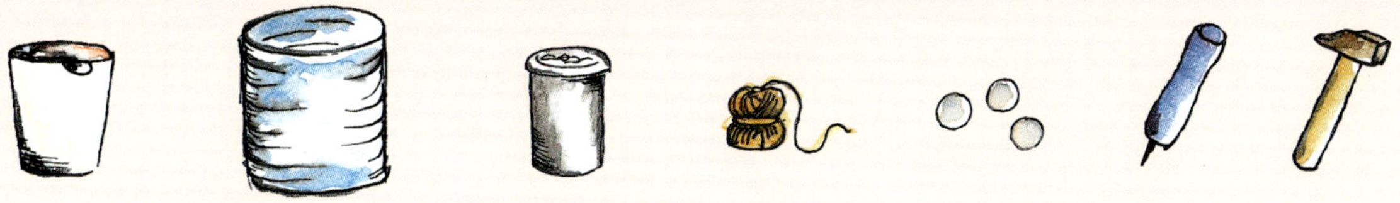

Verschiedene Becher und Behälter (Jogurtbecher, kleine Konservendose, Filmdöschen), 1 dünne, aber feste Schnur, verschiedene durchbohrte Holzkugeln, die in den Becher oder Behälter passen, 1 Dorn, 1 Hammer

So geht's

▶ 1. Schlage oder stich mit dem Dorn ein kleines Loch in den Becherboden. Lass dir dabei von einem Erwachsenen helfen.

▶ 2. Schneide eine Schnur zu, die von deinem Fuß bis zu deinem Bauchnabel reicht.

▶ 3. Führe von außen die Schnur durch das Loch im Becherboden. Verknote sie oben, sodass du die Schnur nicht mehr herausziehen kannst.

▶ 4. Führe das andere Schnurende durch das Loch in der Holzkugel. Verknote die Kugel mit dem Schnurende.

▶ 5. Das **Spiel** kann beginnen: Halte den Becher mit einer Hand fest. Die Öffnung des Bechers zeigt nach oben. Nun bewege den Becher so, dass die Holzkugel an der Schnur mit Schwung nach oben fliegt. Wenn sie auf dich zugeflogen kommt, versuchst du, sie mit dem Becher aufzufangen.

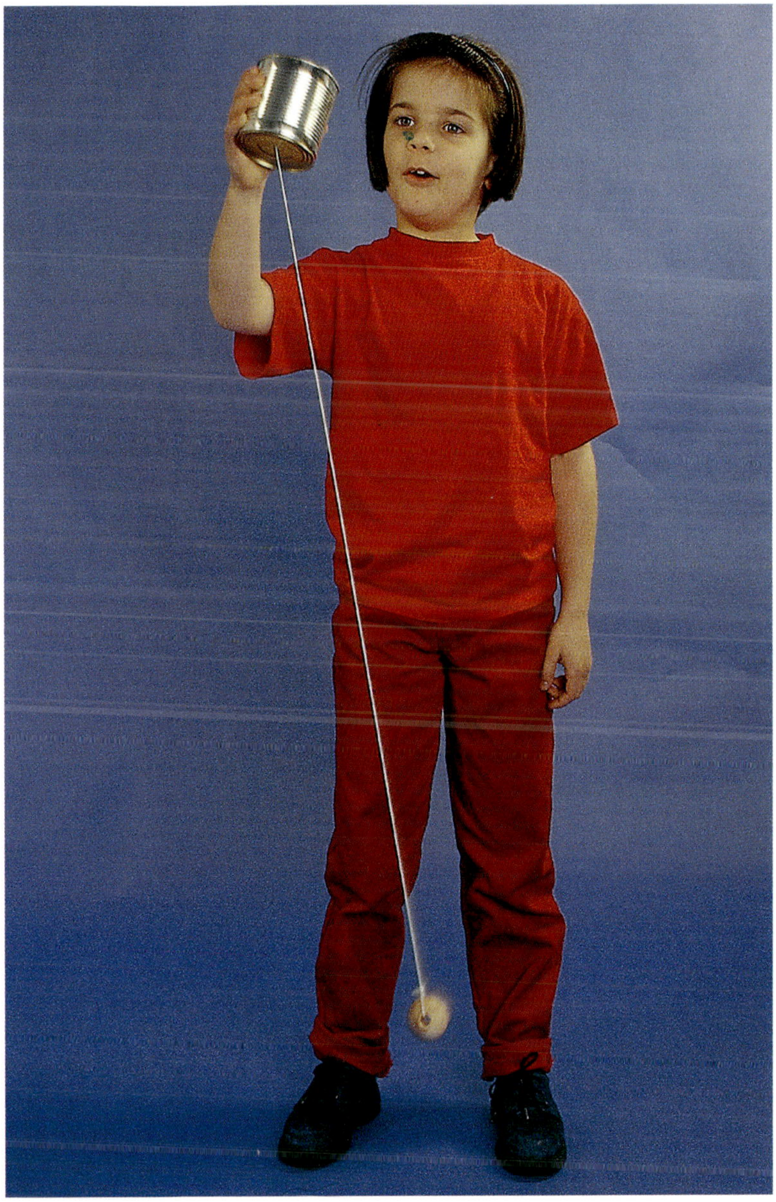

16 Dosenstelzen

Zugegeben: So richtig hoch hinaus geht es mit diesen Stelzen nicht. Aber überlege mal, das kann auch ein Vorteil sein: Wer nicht so weit oben steht, kann auch nicht sonderlich tief fallen. Die Höhe der Dosen – 10 bis 15 cm – sollte also für den Anfang reichen. Die Dosenstelzen haben aber noch einen weiteren Vorteil: Mit ihnen kannst du ruckzuck das Stelzenlaufen erlernen. Versuche es einmal, du wirst schnell deinen Spaß daran finden.

Das brauchst du

2 gleich große Dosen, 1 Dorn, 1 Filzstift, 1 Hammer, sehr dicke Kordelschnur

So geht's

- 1. Stelle die Dose mit der Öffnung nach unten auf den Boden. Markiere am oberen Rand der Dose zwei Punkte. Aber Achtung: Die Punkte müssen sich genau gegenüberliegen.

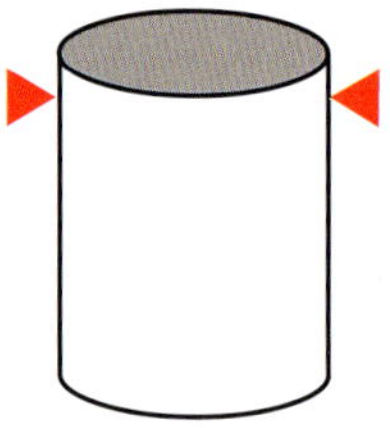

- 2. Nun stich oder hämmere durch die Punkte ein größeres Loch in die Dose. Denke daran: Die Kordelschnur muss hinterher durch dieses Loch geführt werden. Bitte eventuell einen Erwachsenen, dir die Löcher zu bohren.
- 3. Bohre auch in die zweite Dose zwei Löcher.
- 4. Schneide dir zwei Kordelschnüre zurecht, die ungefähr doppelt so lang sind wie deine Beine.
- 5. Nimm eine Dose und ziehe eine Kordelschnur durch die beiden Löcher. Anschließend verknotest du die Schnur an ihren Enden. Dasselbe machst du mit der zweiten Dose und der anderen Kordelschnur. Fertig sind die Dosenstelzen.

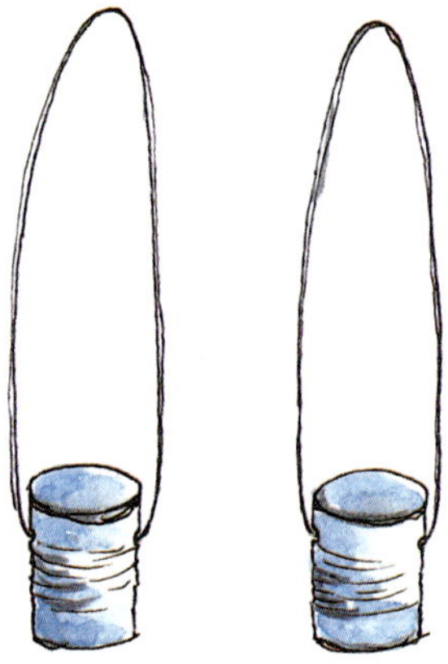

So sehen die fertigen Dosenstelzen aus

Springseil 17

Kinder auf der ganzen Welt kennen das Spiel mit dem Springseil. Ob in Italien, in Spanien oder in England – überall wirst du Kinder in deinem Alter treffen, die das Spiel kennen. Das Einzige, was in diesen Ländern anders sein wird, das sind die Lieder, die zu dem Auf und Ab des Seiles gesungen werden. Welche Lieder singst du mit deinen Freunden? Kennt ihr „Teddybär, Teddybär, dreh dich um ..." oder „Die Uhr schlägt eins ..."?

Das brauchst du

2 oder 3 dicke Kordelschnüre (jeweils etwa 6 m lang); ihr solltet insgesamt zu dritt sein, dann ist es am leichtesten

So geht's

1. Legt alle Kordelschnüre aufeinander und zieht sie stramm. Zwei von euch halten jeweils ein Schnur-Ende.
2. Zwirbelt die Schnur in entgegengesetzter Richtung. Das geht so: Wenn der eine von euch nach links zwirbelt, dann zwirbelt der andere rechts herum.
3. Zwirbelt so lange, bis die Schnur sich von selbst zusammenzieht.
4. Nun geht der Dritte von euch zur Schnur-Mitte und hält die Mitte mit einer Hand fest.
5. Während der Dritte die Schnur in der Mitte festhält, führen die beiden anderen die Schnur-Enden zusammen. Dieses Ende hält nur noch einer fest.
6. Die so halbierte Schnur wird einmal kurz stramm gezogen, dann lässt der dritte Helfer die Schnur in der Mitte los. Achtung: Die zusammengeführten Schnur-Enden müssen dabei festgehalten werden! Was passiert? – Die Schnur dreht sich ineinander. Zieht sie noch einmal gerade – das Springseil ist fertig!
7. Jetzt müsst ihr nur noch beide Seil-Enden verknoten.

Mit dem Springseil kannst du auch prima Tau ziehen.

18 Schießrakete

Die Schießrakete ist von einem Jungen in deinem Alter erfunden worden, im Frühjahr 1999. Es ist eine sehr bedeutende Erfindung, weil sie bisher noch jedem Kind Spaß gemacht hat. Was kannst du aus dieser kleinen Geschichte lernen? Erstens: Es sind noch längst nicht alle tollen Spielsachen erfunden. Und zweitens: Auch mit sechs, sieben oder acht Jahren kann man ein bedeutender Erfinder von Spielsachen sein.

Das brauchst du

2 Papprollen vom Toilettenpapier, 2 Luftballons, 1 Schere, festes Klebeband

So geht's

1. Schneide deinen Luftballon entlang der gestrichelten Linie durch.

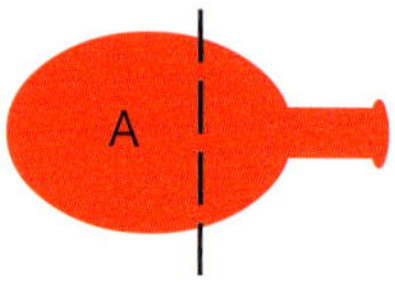

2. Spanne die übrig gebliebene Kappe (Teil A) um ein Ende der Papprolle. Klebe die Kappe mit dem Klebeband an der Rolle fest.
3. Mache dasselbe mit dem zweiten Luftballon und der zweiten Papprolle.
4. Nun brauchst du einen Spielpartner, mit dem du um die Wette kleinere Beeren oder Papierkügelchen in die Höhe schießt. Das geht so: Du gibst das Papierkügelchen in die Rolle, sodass es innen auf der Luftballonhaut liegt. Von außen umfasst du das Kügelchen mit der Luftballonhaut. Nimm dafür Daumen und Zeigefinger. Mit der anderen Hand hältst du die Rolle fest. Nun ziehst du das Kügelchen zu dir hin und spannst damit den Ballon – wenn du ihn jetzt schlagartig loslässt, fliegt das Kügelchen im hohen Bogen vorn heraus.

Luftballonboot 19 ••

Seemänner, die ihr Leben lang zur See gefahren sind, nennt man auch „Seebären“. Ihr größtes Hobby ist, „Seemannsgarn zu spinnen“: Sie erzählen dir dann erfundene Geschichten und schwören, dass diese Geschichten wahr sind. Spinne beim Spielen mit dem Luftballonboot doch auch etwas „Seemannsgarn“. Deine Freunde hören sich deine erfundenen Geschichten sicher gern an. Du musst aber beteuern, dass alles absolut wahr ist ...

Das brauchst du

1 Sperrholzplatte 18 x 11 cm, 1 Sektkorken, 1 Luftballon, 1 Säge, Holzleim, 1 Trinkhalm mit Knick, 1 Bohrmaschine mit 5 mm Bohrer, 1 Badewanne

So geht's

- 1. Säge die Sperrholzplatte vorne spitz zu. Das wird der Bug deines Schiffes.
- 2. Säge den Korken an dem dickeren Ende flach ab, sodass du ihn gut auf die Sperrholzplatte kleben kannst.
- 3. Nimm den Holzleim und klebe den Korken auf die Mitte der Sperrholzplatte. Lass den Leim trocknen.
- 4. Bohre von oben mit der Bohrmaschine ein Loch durch den Korken und die Holzplatte. Lass dir dabei von einem Erwachsenen helfen.
- 5. Schau dir den Trinkhalm an. Die Knickstelle teilt ihn in zwei Hälften, eine kürzere und eine längere. Schiebe nun die kürzere Hälfte durch das Holz und den Korken, bis die Knickstelle an den Bootsboden stößt.
- 6. Knicke nun die längere Hälfte des Trinkhalms nach hinten. Schneide sie eventuell etwas ab, sodass sie bündig mit dem hinteren Teil des Bootes, dem „Heck“, ist.
- 7. Schiebe das Mundstück des Luftballons auf den Sektkorken.
- 8. Blase nun den Luftballon durch den Trinkhalm auf. Wenn der Ballon mit Luft gefüllt ist, lässt du das Boot in der Badewanne zu Wasser – Schiff ahoi!

20 Gummiband-Knopf

Mit diesem Spiel kannst du ganz gewiss deine Freunde verblüffen. Es zeigt dir nämlich, wie aus einem einfachen Faden ein Gummiband wird. Ob da wohl Zauberei mit im Spiel ist? Wer weiß?

Bevor jedoch der Knopf richtig „rund" läuft und sich der Faden wie ein Gummiband verhält, brauchst du ein wenig Übung. Wenn du den Trick aber beherrschst, wirst du nicht mehr von dem Gummiband-Knopf lassen können.

Das brauchst du

60 cm dünnen, aber festen Baumwollfaden (z.B. Zwirn), 1 großen Knopf mit mindestens zwei Löchern

So geht's

1. Ziehe den Faden durch beide Knopflöcher und verknote die Enden. Du erhältst so einen Endlosfaden:

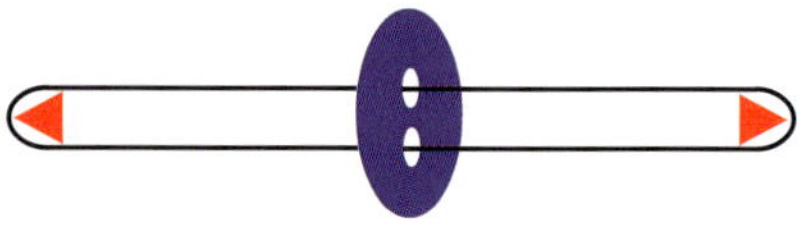

2. Halte den Faden nun am rechten und linken Ende mit deinem rechten und deinem linken Zeigefinger (rote Pfeile). Straffe den Faden.
3. Das Spiel beginnt: Bitte einen Freund, den Knopf in einer Richtung zu drehen. Dabei wird der Faden zusammengezwirbelt. Er zieht sich immer mehr zusammen. Nun soll dein Freund den Knopf loslassen. Was passiert? Der Knopf dreht sich ganz schnell und der Faden entzwirbelt sich. Gleichzeitig führst du die Zeigefinger beziehungsweise deine Hände nach außen. Der Faden muss immer leicht gespannt bleiben!
Nach kurzer Zeit zwirbelt sich der Faden wieder auf. Er wird kürzer, sodass deine Finger wieder zusammenrücken. Schließlich steht der Knopf für einen kurzen Moment wieder still – dann dreht er sich in entgegengesetzter Richtung, und der Faden wird wieder entzwirbelt. So schwingen deine Hände mal nach außen, mal nach innen. Und zwischen ihnen ist der Faden, der wie ein Gummi mal länger und mal kürzer wird.

Achtung

Dieses Spiel gelingt nur, wenn du einen geeigneten Faden verwendest. Sollte sich das Schwingen nicht einstellen, liegt es sicher an dem zu dicken Baumwollfaden. Reißt der Faden hingegen an deinem Finger, ist er zu dünn.

Jetzt hauen wir auf die Pauke

Die Kunst, Musik zu machen, ist so alt wie die Menschheit selbst. Alle Völker dieser Erde machen Musik. Nicht immer stehen ihnen dabei Musikinstrumente zur Verfügung. Dann klatschen sie in die Hände, schnippen mit den Fingern oder schlagen sich auf die Oberschenkel – oder sie singen im Chor. Es gibt auch Künstler, die machen mit ihren Schuhen Musik: Sie treten dann ganz schnell und ganz oft mit ihren Schuhen auf den Boden auf – sie „steppen".

Dieses Kapitel zeigt dir, wie du Musikinstrumente selber herstellen kannst. Es gibt verschiedene Gruppen von Instrumenten: Da sind zunächst die Blasinstrumente. Zu ihnen gehören die Trompete, die Tuba und die Posaune. Zu den Schlaginstrumenten zählen die Trommel und die Pauke. Gitarren und Geigen gehören zur Gruppe der Saiteninstrumente.

Vielleicht stellt du mit deinen Freunden ein kleines Orchester zusammen: Der eine schlägt das Xylophon, der andere nimmt das Posthorn und der dritte die Rassel. Viel Spaß!

21 Glühbirnen-Rassel

„Yeah, shake it, baby!" Das ist Englisch. Und Englisch ist die Muttersprache der Popmusik. Übersetzt heißt dieser Satz so viel wie „Wau, schüttel es, Baby!" Gemeint ist damit die Rassel. Wenn du sie hin und her bewegst, sie schüttelst, erzeugst du einen rasselnden Ton. Nebenher kannst du das Rassel-Lied anstimmen: „Yeah, shake it, baby, shake it!" Und schon ist deine erste Musikaufführung perfekt. Der Applaus ist dir sicher.

Das brauchst du

1 alte Glühbirne, die man nicht mehr verwenden kann, 1 Schüssel mit bunten Transparentpapier-Schnipseln, Tapetenkleister, 1 Tasse Wasser, 1 alten Esslöffel, 1 alte kleine Schale, Zeitungspapier, 1 Jogurtbecher mit schmaler Öffnung, 1 Hammer

So geht's

▶ 1. Breite das Zeitungspapier auf dem Tisch aus. Stelle die Schale und die Schüssel mit den Schnipseln darauf. In den Joghurtbecher setzt du die Glühbirne.

▶ 2. Gib in die leere Schale eine Tasse Wasser und einen Esslöffel Tapetenkleister. Rühre um und lass den angesetzten Kleister einige Minuten stehen.

▶ 3. Nimm die Glühbirne in die Hand. Trage dann mit den Fingern eine dünne Schicht Kleister auf die Birne auf. Beklebe sie rundum mit den Schnipseln. Achte darauf, dass du mindestens acht Lagen aufträgst.

▶ 4. Stelle die fertige Birne mit dem Gewinde nach unten in den Jogurtbecher und lass das Papier vier bis fünf Tage trocknen.

▶ 5. Wenn du die Birne leicht gegen die Tischkante schlägst und dabei einen dumpfen Ton hörst, ist die Papierlage dick genug und mittlerweile getrocknet.

▶ 6. Nimm einen Hammer und schlage vorsichtig auf die Birne. Nach und nach zersplittert der Glaskolben. Schlage nicht zu fest, sonst bekommt deine Glühbirnen-Rassel Beulen. Probier die Rassel doch mal bei deiner Lieblingsmusik aus. Noch toller klingt es, wenn du zwei Rasseln gleichzeitig benutzt.

Flaschenxylophon 22

Wer hätte das gedacht: Mit Flaschen kannst du ganz leicht Musik machen. Du musst sie nur mit einem Klöppel anschlagen – und schon hörst du einen Ton. Mit dem Wasser, das du in die Flaschen einfüllst, kannst du den Ton verändern. Versuche es mal! Aber das ist noch nicht alles: Auch der Klöppel hat einen Einfluss auf den Ton. Schlage die Flasche mit einem Holzlöffel an und danach mit einem Esslöffel aus Metall. Hörst du den Unterschied?

Das brauchst du

6 bis 8 gleiche Glasflaschen, 1 Trichter, Wasser, 1 Holzlöffel, 1 Metallspieß, 1 Korken

So geht's

▶ 1. Fülle mit einem Trichter die Glasflaschen mit Wasser auf. Achte darauf, dass die Wasserstände in den Flaschen unterschiedlich sind.

▶ 2. Stelle die Flaschen in einer Reihe so auf, dass zum Beispiel links die Flasche mit dem höchsten Wasserstand steht und rechts die mit dem niedrigsten.

▶ 3. Schlage die Flaschen mit dem Holzlöffel an und höre, welchen Ton sie von sich geben.

▶ 4. Bitte einen Erwachsenen, den Metallspieß in den Korken zu schieben. Nun probier einmal diesen Klöppel aus.

Du kannst natürlich den Holzlöffel und den Korkklöppel auch farbig anmalen – oder mit buntem Klebeband umwickeln.

Tipp

Versuche, seitlich über die Flaschenöffnung hinwegzupusten. Achte darauf, dass deine Unterlippe am Flaschenrand anliegt und dass du nicht zu kräftig pustest. Du hörst einen tiefen Ton, der mit zunehmendem Wasserstand höher wird. Auch so kannst du Musik machen.

23 Gitarre

Wenn du als Rockmusiker in die Musikgeschichte eingehen möchtest, solltest du Gitarre spielen können. Du kannst schon heute mit dem Training beginnen. Du brauchst nur einen alten Schuhkarton, eine Papprolle und ein paar Gummibänder – und schon kann die Show losgehen. Vielleicht solltest du später auf eine elektrische Gitarre, die so genannte E-Gitarre, umsteigen – die ist noch weitaus cooler.

Das brauchst du

1 Schuhkarton, 1 lange Papprolle (z.B. von Einwickelpapier), Pinsel und Farben, Gummibänder, 1,5 Meter Gummilitze aus dem Nähkasten, 2 Trinkhalme, 1 Bleistift , 1 Lineal, 1 Schere, Klebstoff, evtl. eine Untertasse

So geht's

- 1. Stelle auf die obere Seite des Schuhkartons die Papprolle und zeichne um sie herum ein Kreis auf die Kartonseite. Auf den Deckel des Kartons zeichnest du etwas unterhalb der Mitte einen Kreis. Benutze dafür eventuell eine Untertasse. Bitte einen Erwachsenen, dir beim Ausschneiden der Löcher zu helfen.
- 2. Male die Papprolle und den Karton farbig an.
- 3. Jetzt spannst du über die Länge des Deckels zwei Gummibänder. Sie sollten über dem Loch liegen (siehe Zeichnung, rote Linien).
- 4. Lege den Deckel auf die Schachtel. Befestige ihn mit zwei weiteren Gummibändern (siehe Zeichnung, blaue Linien).
- 5. Schneide den Trinkhalm in zwei Hälften und schiebe diese unter die zuerst gespannten Gummibänder. Befestige die Halme (die grauen Balken in der Zeichnung) mit Klebstoff auf dem Deckel.

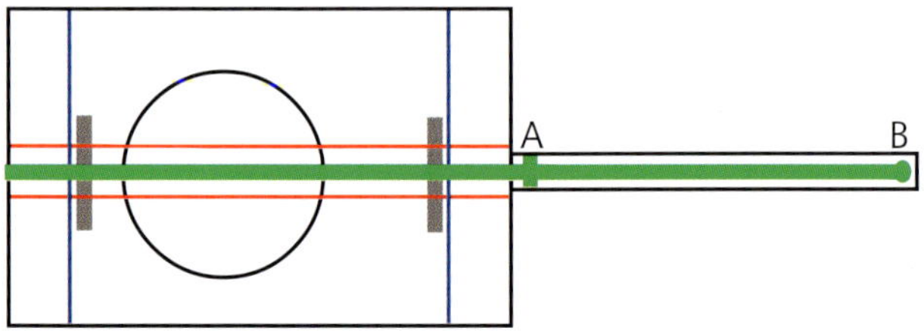

- 6. Binde ein Ende der Gummilitze zu einer Schlaufe.
- 7. Bohre ein Loch in das eine Ende der Papprolle. Das andere, untere Ende der Papprolle steckst du durch die Schlaufe.
- 8. Jetzt schiebst du das untere Ende der Papprolle durch das kleinere Loch am oberen Ende des Kartons. Die Schlaufe der Gummilitze liegt dabei direkt vor dem Loch (siehe Zeichnung, Punkt A).
- 9. Nun ziehst du das Gummiband von hinten um den Karton und führst es über das große Loch in dem Deckel. Du ziehst es weiter zum oberen Ende der Papprolle (Punkt B). Ziehe, bis es so straff ist, dass es einen Ton von sich gibt, wenn man es anzupft. Dann steckst du es durch das Loch in der Rolle. Hinter dem Loch verknotest du ein Stück Trinkhalm am Gummiband. Der Trinkhalm verkeilt sich vor dem Loch so, dass das Gummiband fest sitzt. Zupfe das Gummiband mit der einen Hand. Wenn du mit der anderen das Band an dem langen Griff herunterdrückst, verändert sich der Ton.

Tipp
Für das Mikrofon brauchst du eine Holzstange, ein Seil und eine Styroporkugel.

24 Kazoo

Das Kazoo ist ein eigenartiges Musikinstrument: Es verzaubert deine Stimme, wenn du es beim Singen vor deinen Mund hältst. Versuche es einmal und stimme ein Lied an. Du wirst überrascht sein, was so eine kleine Papprolle aus deiner Stimme machen kann. Das Kazoo ist ursprünglich ein indianisches Musikinstrument. Wer weiß, vielleicht macht es aus dir einen kleinen Indianer. Den passenden Kopfschmuck findest du auf Seite 82.

Das brauchst du

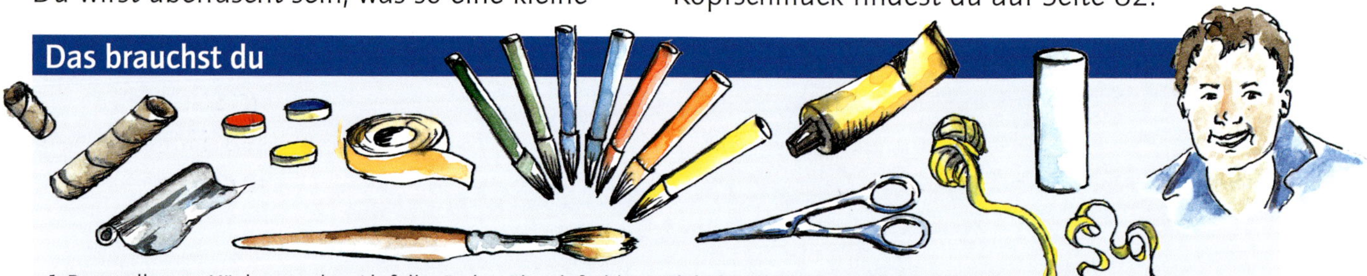

1 Papprolle von Küchenpapier, Alufolie, Farbe, Pinsel, farbiges Klebeband, 1 wasserfesten Filzstift, Klebstoff, 1 Schere, breites Geschenkband, 1 rundes Wasserglas

So geht's

▶ 1. Bitte einen Erwachsenen, mit der Schere ein Loch in die Mitte der Papprolle zu stechen. Überklebe es mit einem Stück farbigen Klebeband, das nochmals durchbohrt werden muss.

▶ 2. Streiche die Papierrolle mit deiner Lieblingsfarbe an.

▶ 3. Wenn die Farbe trocken ist, bemale die Rolle mit einem schönen Muster.

▶ 4. Die Öffnung des Wasserglases sollte im Durchmesser größer sein als die Rollenöffnung. Nimm das Glas und stelle es kopfüber auf die Alufolie. Male mit einem wasserfesten Filzstift die Öffnung nach

▶ 5. Dann stellst du die Papprolle auf die Kreismitte. Umrande die Öffnung der Rolle mit einem Stift.

▶ 6. Von diesen Kreisen malst du zwei. Schneide die beiden Kreise entlang der äußeren Linie aus. Streiche jeweils etwas Klebstoff auf den äußeren Rand.

▶ 7. Nimm die kreisrunde Alufolie und stülpe sie über das eine Ende der Papprolle. Die zweite Folie stülpst du über das andere Ende.

▶ 8. Über die Alu-Ränder der Papprolle wickelst du nun das Geschenkband. Klebe es abschließend fest.

▶ 9. Bitte einen Erwachsenen, ein weiteres Loch zu bohren. Es sollte schräg versetzt zu dem ersten Loch platziert werden.

Tipp

Ähnlich wie das Kazoo funktioniert auch das **Mirliton**.

▶ 1. Schneide eine Kerbe oder ein Loch in der Nähe eines Rollenendes. Achtung: Das ist nicht ganz ungefährlich!

▶ 2. Klebe dieses Rollenende mit Alufolie zu. Nun musst du nur noch eine Melodie in das Loch summen.

Pferdepeitschenschlag 25

Wie du ein Auto in Bewegung setzen kannst, weißt du: Du trittst das Gaspedal und schon bewegt es sich. Eine Pferdekutsche aber hat kein Gaspedal, ein Pferd natürlich auch nicht. Woher wissen die Pferde aber, dass sie loslaufen sollen? Normalerweise reicht ein „Hüh". Was aber, wenn es nicht ausreicht? Dann hilft nur noch der Knall der Pferdepeitsche. Mit diesem Holzinstrument kannst du den Peitschenknall nachmachen.

Das brauchst du

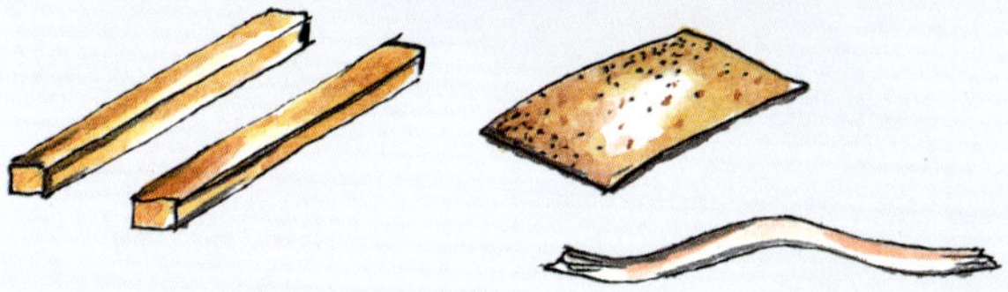

2 gleich große eckige Holzlatten (Länge ca. 25 cm), Schmirgelpapier, festes Textilband

So geht's

- 1. Schmirgle die Kanten des Holzes gründlich ab. Lege beide Stangen zu einer langen Stange aneinander.
- 2. Klebe das Klebeband (rot) an die Innenflächen der Hölzer, wie auf der Abbildung gezeigt.

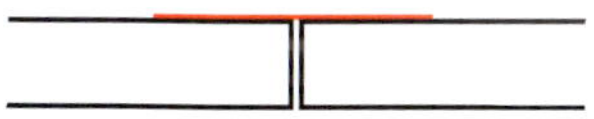

- 3. Klappe die Hölzer dann zusammen und klebe ein großes Stück Klebeband außen um die Hölzer (gelb).

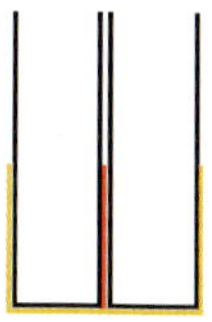

- 4. Nun kann's losgehen: Fasse die Hölzer an ihren äußeren Kanten und schlage sie zusammen. Hörst du den Peitschenknall?

Achtung

Gib Acht, dass deine Nase und deine Finger nicht zwischen die Schlagflächen geraten.

D
C
B
B
A
A

Mini-Xylophon 26 •••

Ein einfaches, aber sehr klangvolles Instrument ist das Xylophon. Übersetzt heißt das Wort „Holzstimme".
Das Xylophon besteht im Grunde aus unterschiedlich langen Holzstäben. Schlägst du mit dem Klöppel auf die einzelnen Stäbe, hörst du einen dumpfen, schnell verklingenden Ton. Die Länge der einzelnen Stäbe hat einen Einfluss auf die Tonhöhe: Je kürzer das Holz, desto höher ist der Ton. Versuch's einmal!

Das brauchst du

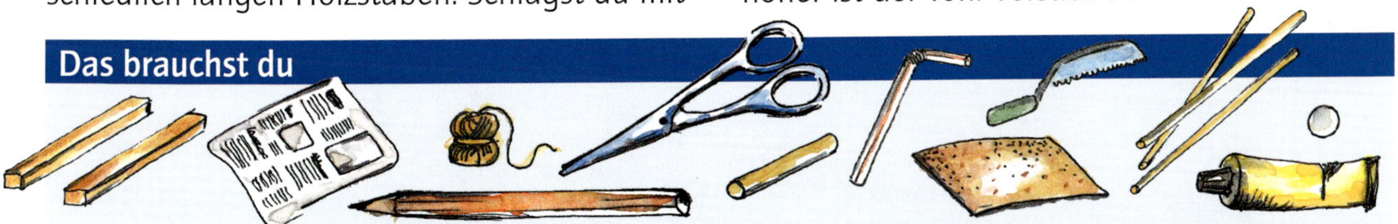

Für das **Xylophon**: 3 unterschiedlich lange Dachlattenstücke, 1 Zeitungsseite, 1 Bleistift, 2 Schnüre (jeweils 1 Meter lang), 1 Schere, 1 kurzes und knotenfreies Stück vom Bambusrohr oder ein Stück vom Gartenschlauch, 2 dicke Trinkhalme, 1 Puksäge, Schmirgelpapier. Für den **Klöppel**: 1 etwa 20 cm lange, dünne Holzstange, 1 Perle, die auf die Stange passt, Klebstoff

Das musst du vorher wissen

Am besten klingen die Klanghölzer, wenn du sie am ersten und letzten Viertel ihrer Länge befestigst. Die Anleitung sagt dir, wie das geht.

So geht's

- 1. Schmirgle die Kanten deiner Holzstücke.
- 2. Beginne mit dem längsten Holzstück: Lege den Zeitungsstreifen auf das Holzstück. Schneide oder reiße den Streifen so ab, dass er genauso lang ist wie das Holz. Falte den Streifen zur Hälfte und nochmals zur Hälfte. Du erhältst ein Viertel der ursprünglichen Länge. Lege es jeweils bündig an die Enden des Holzstücks. Zeichne mit Bleistift jeweils das Viertel ein. Wiederhole diesen Vorgang mit den übrigen Hölzern.
- 3. Kerbe das Holz an den Linien ein. Benutze dafür die Säge. Vergiss die Rückseite des Holzes nicht. Pro Holzstück benötigst du vier Kerben.
- 4. Schmirgle die Kerben.
- 5. Du brauchst jetzt zwei etwa 1 m lange Schnüre und vier gleich große Trinkhalm-Stücke. Lege die Hölzer der Größe nach vor dich hin. Das längste Stück ist unten. Mit ihm beginnst du.
- 6. Nimm beide Schnüre zur Hälfte. Lege das erste Holzstück in die Schlaufen. Achte darauf, dass die Schlaufen in den Kerben liegen (Punkt A). Verknote die Schnüre jeweils links und rechts (Punkt B). Ziehe die beiden Schnüre bis zum ersten Knoten durch jeweils ein Trinkhalmstück (Punkt C). Oberhalb der Trinkhalme verknotest du die Schnüre wieder (D).
- 7. Nimm nun das zweite Holzstück und verfahre genauso, dann das dritte.
- 8. Zum Schluss ziehst du eine der Schnüre durch das Bambusrohr und verknotest die Schnüre miteinander. Fertig ist dein tragbares Mini-Xylophon!
- 9. Den Klöppel setzt du aus der Holzstange und der Perle zusammen. Befestige die Perle mit etwas Klebstoff.

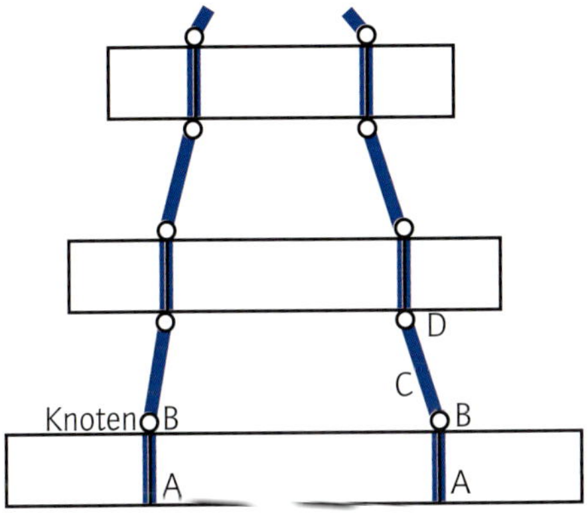

•• 27 Panflöte

Die Panflöte ist nach ihrem Erbauer, dem griechischen Wald- und Herdengott „Pan", benannt. Der Sage nach schnitzte er die erste Panflöte der Welt aus Schilfrohr. Da Pan zum Schutz der Hirten befohlen war, wird die Flöte auch „Hirtenflöte" genannt. Pan war ein ausgesprochener Schelm: Er liebte es, Menschen zu erschrecken. Er versteckte sich und trat dann ganz plötzlich hervor, sodass sich die Menschen „panisch" erschreckten.

Das brauchst du

1 langes Bambusrohr, 1 Bleistift, 1 kleine Säge, Paketband

So geht's

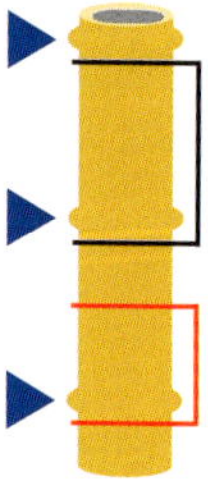

- 1. Schau dir das Bambusrohr genau an. Du siehst in regelmäßigen Abständen Verdickungen (die blauen Pfeile zeigen darauf). Bambusrohre sind innen hohl. An den Verdickungen jedoch ist das Rohr geschlossen.
- 2. Säge nun an den mit Bleistift markierten Stellen (schwarze Linien) ein Stück Bambusrohr ab. Wichtig ist, dass du jeweils unterhalb der Verdickungen sägst. Oben muss das Rohr offen, unten hingegen geschlossen sein. Der erste Teil deiner Panflöte ist fertig.
- 3. Nun säge dir ein kleineres Stück zurecht (rote Linien). Der zweite Teil der Flöte ist fertig. Wenn du magst, kannst du noch weitere Stücke aussägen. Aber Achtung: Sie müssen alle unterschliedlich lang sein.
- 4. Lege die Bambusrohre der Größe nach nebeneinander und umwickle sie mit Paketband, sodass sie fest aneinander liegen.

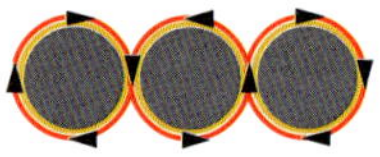

Führe das Band um die Rohre, als ob du mit ihm eine Acht beschreibst.

- 5. Halte die Öffnung eines Bambusrohres an die Unterlippe und puste über die Öffnung hinweg – du hörst einen Ton. Je kürzer das Bambusrohr, desto höher der Ton. Versuch es!

Blumentopf-Glocke 28

Wissenschaftler haben herausgefunden, dass Metall-Glocken schon im 9. Jahrhundert vor Christus bekannt waren. In Europa allerdings erklingen die Glocken „erst" seit dem 6. Jahrhundert nach Christus. Eine Glocke zu gießen ist sehr kompliziert. Meistens nahm man für ihre Herstellung Bronze, Eisen oder Stahl. Die Blumentopf-Glocke ist problemloser herzustellen. Im Vergleich zu den Metall-Glocken ist ihr Klang nicht so hell – aber höre selbst!

Das brauchst du

1 Blumentopf aus Ton mit einem Durchmesser von 11 cm, 1 Schnur, die etwa 2 Meter lang ist, zwei Holzkugeln mit einem Durchmesser von 3,5 cm, 1 Holzkugel mit einem Durchmesser von 4 cm

So geht's

- 1. Nimm die Schnur doppelt und verknote sie an den Enden (das sind die Punkte A und B in der Zeichnung).

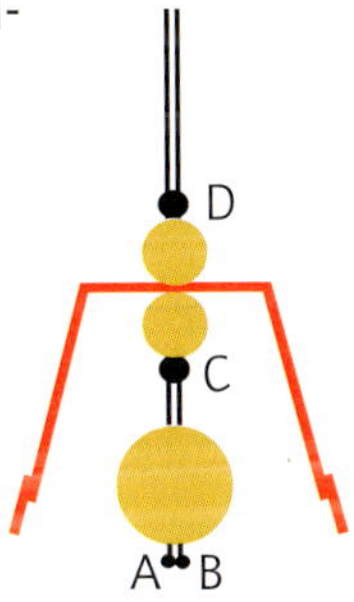

- 2. Fädle die große Holzkugel auf die doppelt gelegte Schnur. Schiebe sie bis zu den zwei Knoten an den Schnur-Enden.
- 3. Ungefähr vier Zentimeter oberhalb der großen Kugel machst du einen Knoten in das Band (C). Von der Schlaufe her fädelst du nun eine kleine Kugel auf und schiebst sie auf den zweiten Knoten (C).
- 4. Ziehe nun durch das kleine Loch im Blumentopfboden die Schnur, sodass der Blumentopf kopfüber auf der kleinen Holzkugel aufliegt. Schiebe die dritte Holzkugel auf den Blumentopfboden. Mache einen Knoten zum Schluss (D) – fertig ist die Blumentopfglocke.

•• 29 Posthorn

Früher wurde die Post noch mit der Kutsche ausgetragen. Da hieß der Postbote Postillion, und sein Kommen kündigte er mit dem Posthorn an. Näherte er sich mit seiner Kutsche der Stadt, blies er kräftig in sein Horn, damit man ihn schon von weitem hören konnte. So wusste jeder: „Aha, gleich kommt die Post." Schau dir einmal einen Briefkasten näher an, und du wirst das Posthorn noch darauf entdecken.

Das brauchst du

1 etwa 1 m langen Gartenschlauch, 1 größeren Trichter, 1 altes Mundstück eines Blasinstruments (z. B. Trompete), Textilband, Klebeband

Das musst du vorher wissen

Wie man durch ein Mundstück bläst: Setze das Mundstück auf die Lippen – du nimmst es also nicht in den Mund. Dann bläst du kräftig mit gespannten Lippen hinein. Achte darauf, dass die Luft nicht links und rechts am Mundstück entweicht.

So geht's

- 1. Lege den Schlauch zu einer Schlinge.
- 2. Befestige die Schlinge mit dem Textilband wie auf der Abbildung.
- 3. Setze auf das eine Schlauchende den Trichter, auf das andere das Mundstück.
- 4. Falls der Trichter und das Mundstück nicht fest sitzen, musst du mit Klebeband die Übergangsstellen festkleben.
- 5. Nun versuche, durch dein Posthorn zu blasen.

Lege mit dem Schlauchstück eine Schlinge ...

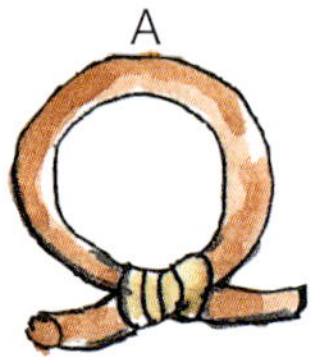

... und befestige sie mit Textilband. Dann biege den Schlauch hoch zu Punkt A, mache eine zweite Schlinge und befestige sie ebenfalls mit Textilband.

Kleine Künstler

Wie du mit wenigen Materialien und geringem Aufwand verblüffende und tolle Sachen bastelst – das zeigt dir dieses Kapitel. Ob Paillettenherzen, Osterkränze oder Silbersterne – diese Sachen haben meist nur einen Zweck: schön auszusehen und jeden zu erfreuen, der sie anschaut. So kannst du aus deinem Zimmer ein kleines Museum machen und die gebastelten Sachen ausstellen – wenn du sie nicht vorher verschenkt hast.

Doch sind nicht alle Vorschläge nur für dein kleines Museum gedacht. Einige Basteleien haben auch einen praktischen Zweck und sind im Alltag gut zu gebrauchen. Die Stiftebox zum Beipiel kannst du tagtäglich benutzen, auch die Geldbörse und den Wäscheklammerhalter.

30 Teelichtblumen

Teelichtblumen gehören zu der seltenen Art der Küchentischgewächse und sind mit „normalen Blumen" nicht zu vergleichen. Sie brauchen kein Wasser, kommen ohne Licht aus und auf Blumenerde können sie auch verzichten. Zudem wachsen sie nicht, sie werden gebastelt. Eins aber haben sie mit ihren Kolleginnen aus dem Garten gemein: Vater und Mutter freuen sich über die Teelichtblume genauso wie über Tulpe, Rose oder Gänseblümchen.

Das brauchst du

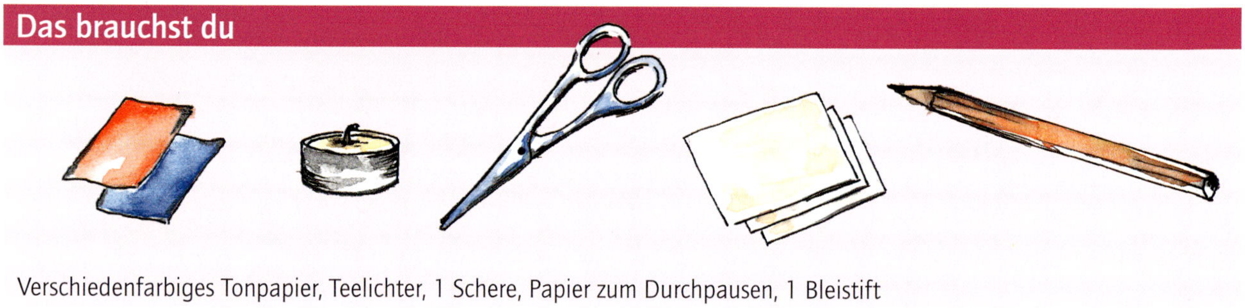

Verschiedenfarbiges Tonpapier, Teelichter, 1 Schere, Papier zum Durchpausen, 1 Bleistift

So geht's

1. Stelle das Teelicht auf einen Bogen Tonpapier. Umrande es mit dem Bleistift. Nimm einen zweiten Bogen Tonpapier, stelle das Teelicht darauf und umrande es ebenfalls mit dem Bleistift.
2. Male um die Kreise eine Blumenform. Du siehst unten auf dieser Seite eine Form abgebildet. Pause sie ab. Oder zeichne eine Blume auf einem Blatt Papier vor und übertrage sie anschließend mit Pauspapier auf das Tonpapier. Achte aber darauf, dass sich der vorgezeichnete Kreis in der Mitte der Blume befindet.
3. Schneide die Blumen aus, auch den Kreis in der Mitte. Lass dir eventuell von einem Erwachsenen dabei helfen.
4. Nun schiebst du die beiden Blumen von unten auf das Teelicht, etwa auf halbe Höhe. Verschiebe die beiden Blumen gegeneinander, sodass die beiden Farben zur Geltung kommen.

Vorlage zum Abpausen

Serviettenringe 31

Der Klassiker: Serviettenringe. Ob zum Geburtstag, zu Weihnachten, zu Ostern, zum Mutter- oder Vatertag – Serviettenringe sind bei den Eltern immer gern gesehen, nicht zuletzt, weil sie so praktisch sind. Bedenke aber Folgendes, wenn du sie verschenken möchtest: Mit den Serviettenringen kommen leider auch die Servietten auf den Mittagstisch. Das Tischtuch oder der Pulloverärmel sind damit für den letzten Wisch über die Mundwinkel tabu.

Das brauchst du

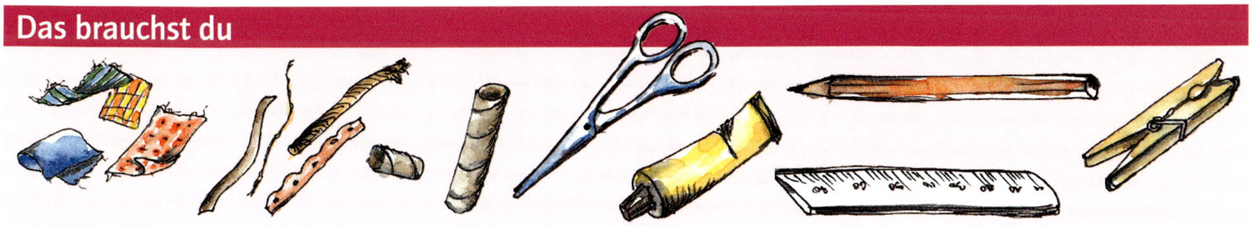

Stoffreste, Bänder oder Borten, Papprollen von Toilettenpapier oder Küchenrollen, 1 Schere, Klebstoff, 1 Bleistift, 1 Lineal, Wäscheklammern

So geht's

1. Schneide die Papprollen in 3 cm breite Ringe.
2. Wenn du Stoff für deine Serviettenringe benutzt, schneidest du ihn in 5 bis 6 cm breite und 15 cm lange Streifen. Wenn du Borte verwendest, dann müssen die Pappringe etwas schmaler sein als die Borte, sodass sie in der Breite an beiden Seiten noch ein Stück übersteht. Die Borte kürzt du auf 15 cm Länge.
3. Klebe den Stoffstreifen so auf die Papprolle, dass an den linken und rechten Rändern ein wenig Stoff übersteht. Das obere Ende schlägst du 1 cm ein, damit eine saubere Kante entsteht.
4. Verteile an der Innenkante der Papprolle etwas Klebstoff. Schlage den Stoff an der Kante nach innen ein und klebe den seitlich überstehenden Stoff innen fest.
5. Gib etwas Klebstoff auf die Rückseite des oberen, eingeschlagenen Endes. Mit den beiden Wäscheklammern hältst du das Ende des Stoffstreifens fest, bis der Klebstoff getrocknet ist. Fertig ist dein tolles Geschenk für alle Gelegenheiten!

Tipp

Statt des Stoffes kannst du auch witziges und farbenfrohes Geschenkpapier nehmen – das sieht auch sehr schön aus.

32 Einladungskarten und

Der nächste Geburtstag kommt bestimmt. Und je mehr Gäste du an diesem Tag begrüßen kannst, desto besser. Nun gibt es aber verschiedene Arten, die eigenen Freunde einzuladen. Du kannst sie anrufen und sagen: „Ich habe morgen Geburtstag, kommst du vorbei?" Du kannst sie auf dem Spielplatz während einer Schaukelpartie einladen – oder du schickst ihnen eine hübsche Einladungskarte. Das ist schick und ein bisschen vornehm.

Das brauchst du

Tonpapier Din A4 in Rot, Dunkelblau oder Dunkelgrün, 1 spitze Schere, 1 Bleistift, 1 Silberstift

So geht's

- 1. Falte das Tonpapier längs in der Mitte.
- 2. Schneide das Papier am Knick entlang zur Hälfte ab.
- 3. Nimm eine Hälfte und falte sie zur Mitte. Du erhältst eine Faltkarte.
- 4. Nun kannst du dir mit Bleistift ein Muster auf die vordere Seite vorzeichnen. Schneide dann dieses Muster mit der Schere durch beide Kartenseiten hindurch nach. Male zum Beispiel Wolken oder Häuser oder ein paar Bäume.
- 5. Ziehe den Kartenrand außen mit dem Silberstift nach. Innen kannst du mit dem Silberstift das Muster weitermalen. So sieht man von außen nur die „Silhouette" der Dächer und Baumkronen, im Karteninneren die ganzen Häuser und Bäume. Wählst du das Wolkenmuster, so kannst du innen noch für eine Überraschung sorgen: Außen malst du Wolken, innen malst du aus den Rundbögen lauter Herzen!

Weihnachtskarten

Weihnachtskarten zu verschicken ist große Klasse. Man zeigt damit: „Ich habe an dich gedacht und ich mag dich." Gerade Großeltern freuen sich wie die Schneekönige, wenn sie um die Weihnachtszeit von ihren Enkeln eine schöne, selbst gebastelte Karte bekommen. Aber auch deine Onkel und Tanten freuen sich – und deine Freunde. Angenehmer Nebeneffekt deiner Weihnachtsgrüße: Du wirst dich vor Antwortkarten nicht retten können.

Das brauchst du

1 Klappkarte (rot oder grün), Wellpappe, Goldlackspray, 1 Schere, Klebstoff, Bastband (Natur oder Gold), kleine bemalte Holzfiguren (die bekommst du im Gartencenter oder im Bastelgeschäft), Weihnachtskeks-Ausstecher, 1 Bleistift, alte Zeitungen, 1 dickes Buch

So geht's

1. Lege die Wellpappe auf eine alte Zeitung und besprühe sie mit Goldlack. Lass die Farbe trocknen.
2. Auf der Rückseite der Wellpappe zeichnest du mit einem Bleistift die Ausstecherformen nach, zum Beispiel Sterne, Tannenbäume, Weihnachtsmänner, Glöckchen und so weiter.
3. Schneide die Motive mit der Schere aus.
4. Umwickle die Motive vorsichtig mit Bast. Vorn auf der Goldseite verknotest du die Enden. Wenn du kleine Holzfiguren bekommen hast, klebst du je eine vorne auf die Wellpappe.
5. Trage auf die Rückseite der Wellpappe Klebstoff auf. Drücke das Motiv vorn auf die Klappkarte. Lege für ein paar Minuten ein dickes Buch darauf.

Auf diese Art kannst du dir auch Karten für weitere Anlässe wie Ostern, Mutter- oder Vatertag basteln.

33 Wäscheklammer-Halter

Der Wäscheklammer-Halter ist sehr praktisch. Es gibt kaum etwas, was er nicht halten kann. Wenn du lose Papierblätter hast – der Wäscheklammer-Halter ist zur Stelle. Auch Servietten hält er an ihrem Platz fest. Doch das ist noch nicht alles: Ob Glanz- oder Sammelbilder, Fotos, Postkarten, wichtige Notizen oder geheime Briefe aus der Schule – der Wäscheklammer-Halter hält all diese Dinge zusammen, sicher und zuverlässig. Einfach toll!

Das brauchst du

Holzwäscheklammern, Moosgummireste oder Tonpapier, Stoffreste, Bänder oder Borten, Klebstoff, Sprayfarblack, Papier, 1 Bleistift, 1 Schere, kleine Keksausstecher

So geht's

- 1. Besprühe die Wäscheklammer mit Farblack. Lass den Lack trocknen.
- 2. Suche dir ein Motiv von den Keksausstechern aus. Achte darauf, dass es vorne auf die Wäscheklammer passt. Wähle es nicht zu groß aus. Lege es auf ein Blatt Papier, umrande es und schneide es aus.
- 3. Übertrage dein Motiv auf Moosgummi oder Tonpapier. Schneide es aus.
- 4. Das Motiv klebst du vorne auf die Wäscheklammer.
- 5. Wenn du Stoffreste hast, kannst du sie in 3 cm breite und 45 cm lange Streifen schneiden. Binde sie vorne um die offene Wäscheklammer zu einer Schleife. Das verschönert den Wäscheklammerhalter. Bänder oder Borten machen sich auch prima als Schleifen.

Tipp
Schneide die Stoffreste mit der Zickzackschere zu.

Tipp
Im Bastelgeschäft kannst du kleinere Holzfiguren bekommen. Klebe sie dann statt der Moosgummi-Motive vorne auf die Klammer.

Sparschwein 34 ••

Das Sparschwein ist ein komisches Tier: Es ernährt sich nicht von Heu, auch mag es keine Würstchen, und Äpfel isst es schon gar nicht. Das Sparschwein ernährt sich von Geldmünzen. Es freut sich über jeden Pfennig, den es sich einverleiben kann. Und je mehr Münzen das Sparschwein bekommt, desto größer ist die Freude. Das Schönste aber ist, dass dir das Sparschwein eines Tages alle Münzen zurückgibt. Dann könnt ihr euch beide freuen.

Das brauchst du

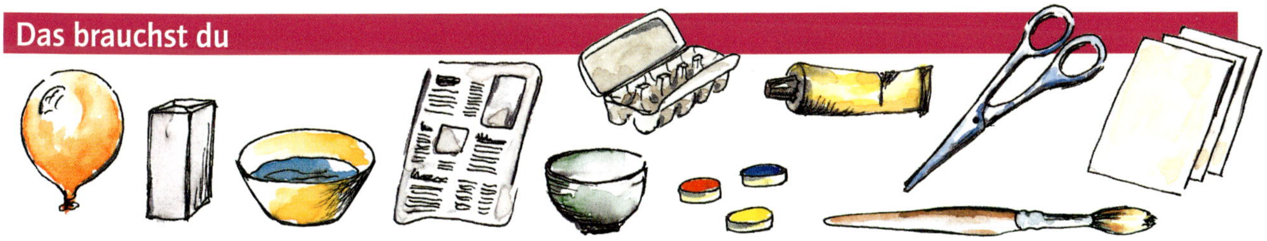

1 Luftballon, Tapetenkleister, Zeitung, 1 Schale, Eierkarton, Klebstoff, Wasserfarben (rosa, weiß und rot), Pinsel, 1 spitze Schere oder Messer, Papier

So geht's

- 1. Breite eine Zeitungsseite auf dem Tisch aus. Zerreiße die anderen Seiten in kleine Stücke.
- 2. Rühre den Kleister an. Blase den Luftballon auf und verknote ihn. Schneide aus dem Eierkarton vier Eierbecher mit Rand für die Beine, zwei halbe Eierbecher für die Ohren und einen Becher für die Nase aus.
- 3. Lege den Ballon in die Schale.
- 4. Bestreiche den Ballon mit Kleister und klebe die Zeitungsstücke darauf.
- 5. Wiederhole diesen Schritt zweimal.
- 6. Klebe mit Kleister vier Eierbecher als Schweinefüße oben auf den Ballon. Einen Becher klebst du als Schweinenase vorne an, da, wo das Mundstück ist. Klebe mehrere Schichten Zeitung auf. Die Eierbecherränder müssen von den Zeitungsschichten bedeckt werden.
- 7. Drehe den Ballon vorsichtig in der Schale und drücke die beiden Ohren an die richtige Stelle. Nun klebst du wieder zwei Schichten Zeitung um den gesamten Ballon. Nimm als letzte Lage Schreibmaschinenpapier, damit die rosa Farbe besser deckt.
- 8. Lass den Kleister mehrere Tage trocknen.
- 9. Schneide dann mit einer spitzen Schere den Geldschlitz ein.
- 10. Gib dem Schwein eine fröhliche Hautfarbe, Augen, Nasenlöcher, Mund und Ringelschwänzchen.

35 Papiertüten

Im Leben eines Kindes sind drei Dinge sehr wichtig: ein paar richtig dicke Freunde zu haben, die Eltern überzeugen zu können, dass das Taschengeld vorne und hinten nicht ausreicht – und Papiertüten basteln zu können.

Das brauchst du

Packpapier, 1 Cornflakes-Schachtel, 1 Schere, Klebstoff, Klebeband

So geht's

▶ 1. Knicke das Packpapier an einem Ende handbreit um.

▶ 2. Befestige dieses Ende mit Klebeband an einer schmalen Längsseite der Schachtel. Schau dir die Zeichnung an.

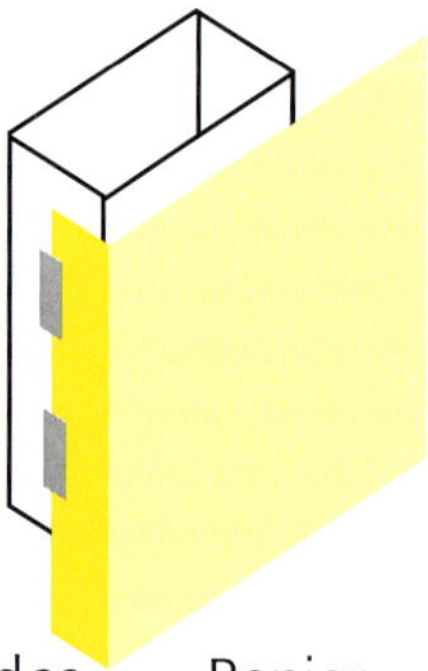

▶ 3. Wickle vorsichtig das Packpapier um die Schachtel. Wenn du das Papier über eine Kante gewickelt hast, fährst du mit dem Daumen die Kante nach. Dadurch erhält das Papier an dieser Stelle einen Knick. Nicht vergessen: Es gibt auch Kanten am Schachtelboden!

▶ 4. Den letzten Knick (A) machst du an der Seite, an der du den Streifen festgeklebt hast. Schneide das Papier am letzten Knick (B) ab, sodass es mit ihm bündig ist. Schau dir die unten stehende Zeichnung an.

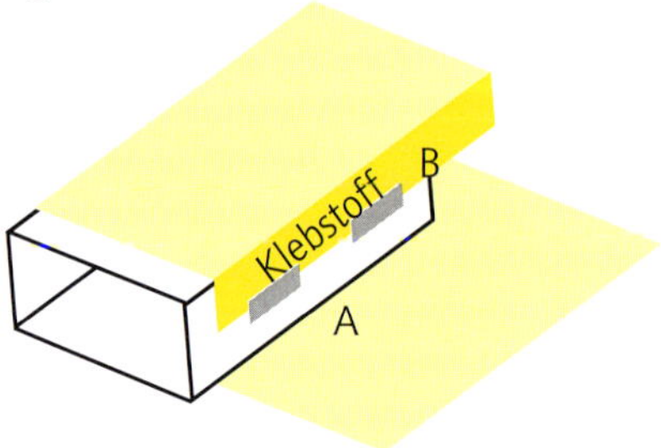

Papiertüten sind außerordentlich wichtig. Aus ihnen kann man Laternen machen, Monsterfüße (die findest du auf Seite 83), Knalltüten und und und. Du brauchst nur eine Pappschachtel, die du umwickeln kannst.

▶ 5. Entferne den Klebestreifen, streiche das untere Papier der Länge nach mit Klebstoff ein und drücke das überstehende Papier darauf!

▶ 6. Jetzt kommt der Tütenboden: Knicke das Papier an den schmalen Längsseiten hinunter auf den Schachtelboden. Oben und unten steht nun das Papier über. Drücke es ebenfalls auf den Schachtelboden und klebe es fest. Warte, bis der Kleber angetrocknet ist.

▶ 7. Wenn der Klebstoff getrocknet ist, brauchst du deine Papiertüte nur vorsichtig von der Schachtel abzuziehen.

▶ 8. Wenn du magst, kannst du die Tüten noch schön bemalen. In diesen Tüten kannst du zum Beispiel Geschenke verpacken.

Paillettenfiguren 36 •••

Es gibt Dinge, die außerordentlich praktisch sind, weil man mit ihnen basteln, bauen und werken kann. Ein Bagger zählt zu diesen Dingen, eine Schaufel auch, ebenso ein Hammer und eine Säge. Und dann gibt es Dinge, die sind überhaupt nicht praktisch, dafür aber wunderschön. Blumen zählen dazu, selbst gemalte Bilder – und schillernde Paillettenfiguren, die du mit dieser Anleitung basteln kannst.

Das brauchst du

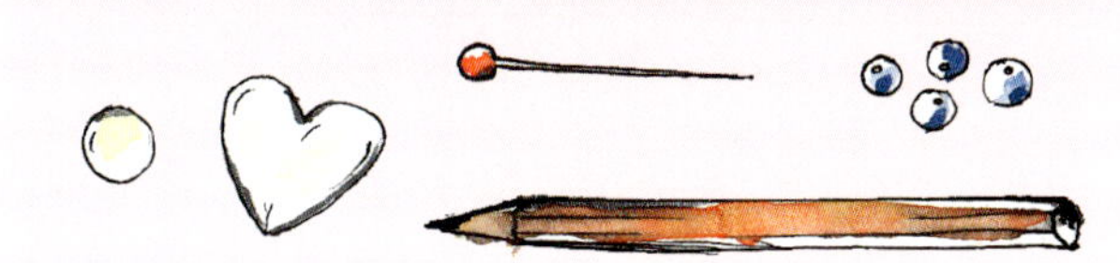

1 Styroporfigur (z.B. Herz, Kugel, Stern), sehr viele verschiedenfarbige Pailletten, viele kurze Stecknadeln ohne und mit Glaskopf, 1 Bleistift

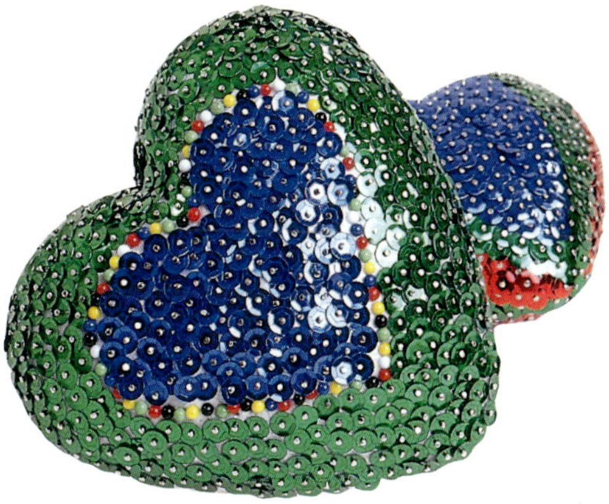

So geht's

- 1. Markiere mit dem Bleistift das Muster, das du auf deiner Figur abstecken möchtest.

- 2. Stecke in die Linien die Stecknadeln mit Glaskopf.
- 3. Nun fülle die weißen Felder mit Pailletten, indem du durch ein Paillettenloch eine Stecknadel ohne Glaskopf steckst und dann die Nadel in das Styropor hineinstichst. Lege die Pailletten so an, dass man von dem Styropor nichts mehr sieht.
- 4. Wenn du die Figur aufhängen möchtest, befestigst du oben drauf mit einer Nadel noch ein schönes Band.

••• 37 Stofffiguren

Wer diese Anleitung mit „Geduld und Spucke" angeht, ein wenig Fingerspitzengefühl hat und sauber arbeitet, wird außerordentlich reich belohnt werden. Denn die mit Stoff umspannten Styroporkugeln oder -herzen sind eine wahre Pracht, die jedes Zimmer aufs Feinste ziert. Einziger Nachteil: Wenn du deinen Lieben die Kunstwerke vorstellst, wirst du dich vor Aufträgen nicht mehr retten können: „Oh, machst du mir auch so etwas?"

Das brauchst du

Kugel, Stern oder Herz aus Styropor, 1 wasserfesten Filzstift, 1 Cutter oder 1 sehr feines Messer, Stoffreste, 1 stumpfes Messer, 1 Schere, 1 breites und 1 dünnes Geschenkband in gleicher Farbe, 1 Stecknadel

So geht's

▶ 1. Zeichne mit dem Filzstift ein Muster auf die Styroporkugeln oder -herzen. Drücke dabei aber den Stift nicht allzu fest auf.

▶ 2. Lass dir von einem Erwachsenen die Linien mit dem Cutter einritzen.

▶ 3. Lege ein Stück Stoff an eine Ritze und drücke den Stoff mit dem stumpfen Messer ein.

▶ 4. Lege den Stoff bis zur nächsten Ritze aus und drücke ihn ganz leicht ein. Schneide den Stoff entlang dieser Ritze vorsichtig ab, sodass du einen kleinen Stoffrand übrig behältst. Drücke dann den Rest, der noch übersteht, in die Ritze.

▶ 5. Wiederhole diese Schritte, bis deine Kugel vollständig mit Stoff bespannt ist.

▶ 6. Lege mit dem breiten Geschenkband eine Schleife und knote sie in der Mitte mit dem dünnen Band fest. Verknote die Enden des dünnen Bandes.

▶ 7. Befestige die Schleife mit der Stecknadel an der Kugel. Fertig ist das kostbare Schmuckstück.

Hinweis

Nur nicht verzagen! Diese Arbeit erfordert etwas Fingerspitzengefühl und ein wenig Geduld.

Geldbeutel 38

„Wer den Pfennig nicht ehrt, ist des Talers nicht wert" – so lautet eine alte Volksweisheit. Worüber Volkes Mund aber kein Wort verliert, das ist diese Frage: Wo lässt man all die Pfennige, die man in Ehren halten soll? Stell dir vor: 1 Mark, das sind 100 Pfennige. 100 Pfennige – wo verwahrt man einen solchen Batzen? Am besten in einem Geldbeutel, den du zuschnüren kannst! Wir zeigen dir, wie du einen solchen Geldbeutel basteln kannst.

Das brauchst du

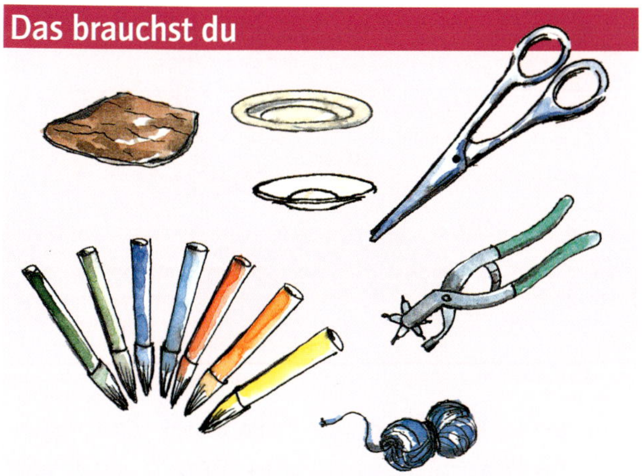

1 tellergroßes Stück Leder, 1 größeren und 1 kleineren Teller, 1 schwarzen Filzstift, 1 Schere, 1 Lochzange, 1 farbigen Lederriemen oder dicke Wolle

So geht's

- 1. Lege den größeren Teller auf die raue Seite des Leders.
- 2. Umrande den Teller mit dem Filzstift.
- 3. Schneide den Tellerkreis aus dem Leder heraus.
- 4. Lege den kleineren Teller auf die raue Seite des runden Lederstückes. Achte darauf, dass der Teller in der Mitte liegt. Umrande ihn mit dem Filzstift.
- 5. Markiere auf dem Rand des neuen Kreises einige Punkte. Achte darauf, dass sie ungefähr den gleichen Abstand zueinander haben.
- 6. Durchlöchere jeden Punkt mit der Lochzange.
- 7. Nun zieh die Wollschnur oder den Lederriemen durch die Löcher und verknote die Enden. Fertig ist dein Geldbeutel.

39 Stiftebox

Wenn du zur Schule gehst, wirst du das Problem kennen: Du brauchst tagtäglich deine Bunt- und Filzstifte, die Wachsmalstifte und den Bleistift. Und jedes Mal mußt du suchen. Nie sind die Stifte dort, wo du sie vermutest. Die Stiftebox bringt die Lösung. Sie hält alle Stifte zusammen, und sie steht immer auf deinem Schreibtisch. So einfach ist das. Du musst die Stiftebox nur herstellen. Dafür brauchst du eine Dose und etwas Moosgummi.

Das brauchst du

1 große leere Farbdose, 1 Moosgummi-Platte, 1 Cutter oder 1 scharfes Messer, 1 langes Lineal, 2 lange Papierstreifen, Moosgummi-Figuren, Klebstoff

So geht's

- 1. Miss mit dem einen Papierstreifen die Höhe und mit dem anderen Streifen den Umfang der Dose. Knicke jeweils den überschüssigen Papierteil um und schneide ihn ab.
- 2. Lege die Papierstreifen auf dein Lineal, dann weißt du, wie lang und breit deine Moosgummi-Platte sein muss.
- 3. Schneide die passende Größe der Platte aus.
- 4. Klebe die Platte um die Dose.
- 5. Nun beklebe die Dose mit den Moosgummi-Figuren. Fertig ist die Stiftebox.

Tipp

Statt der Farbdose kannst du auch eine große Konservendose nehmen. Bitte aber vorher einen Erwachsenen, die scharfen Ränder der Dose glattzufeilen.

Schale 40

Stell dir vor, du hast eine knallbunte Schale, du wirfst sie in die Luft, sie fällt auf den Boden – und sie zerspringt nicht in tausend Scherben. Kannst du so etwas gebrauchen, eine unzerstörbare Schale?

Aber neben diesem Vorzug hat sie noch einen weiteren Vorteil: Sie ist superleicht und nicht so schwer wie die Porzellanschalen deiner Eltern. Und zuletzt: Sie ist kunterbunt und sehr schön anzuschauen – ein ideales Geschenk.

Das brauchst du

1 Schale, Vaseline oder Creme, Transparentpapier in verschiedenen Farben, Tapetenkleister, 1 Becher, halbvoll mit Wasser gefüllt, Zeitungspapier, 1 Schere, 1 alten Löffel

So geht's

1. Breite die Zeitung auf dem Tisch aus. Zerreiße das Transparentpapier in viele kleine Stücke und lege sie auf der Zeitung bereit.
2. Rühre in dem Becher den Tapetenkleister mit Wasser an (etwa vier Esslöffel Kleister auf einen halben Becher Wasser). Lass den Kleister einige Minuten stehen.
3. Streiche die Schale mit der Creme ein. Das geht am leichtesten, wenn du die Schale umgedreht auf die Zeitung legst.
4. Nun bedecke die Schale mit einer Schicht Transparentpapier-Stücke. Danach gib vorsichtig etwas Tapetenkleister auf die Transparentpapier-Schicht und lege eine neue Papierschicht auf. Wechsle dabei häufiger die Farben des Transparentpapiers.
5. Klebe ungefähr sechs bis acht Schichten übereinander. Stelle die Schale kopfüber an die Fensterbank zum Trocknen.
6. Wenn die Transparentpapier-Schale trocken ist, kannst du sie vorsichtig von der unteren Schale lösen. Wisch die Creme mit einem Tuch weg und schneide den Schalenrand gerade ab.

41 Osterkranz

Der Osterkranz gehört zweifellos zu den Highlights, die ein kleiner Künstler basteln kann. Er macht wie kaum ein anderes Geschenk deutlich, dass mit minimalem Aufwand ein großartiges Ergebnis erzielt werden kann, ein Werk, das allen Beteiligten Freude bereitet: Dem Künstler, dem Beschenkten und jedem, der den Osterkranz zu Gesicht bekommt. Natürlich ist der Kranz auch außerhalb der Osterzeit zu verwenden.

Das brauchst du

1 Styroporkranz, verschiedene, farblich zusammenpassende Stoffreste, 1 Zackenschere, 1 Stricknadel, passendes breites Geschenkband, Blumendraht

So geht's

1. Schneide mit der Zackenschere aus den Stoffresten viele kleine viereckige Stücke in der Größe 8 x 8 cm.
2. Lege ein Stoffstück auf den Kranz und drücke es in der Mitte mit der Stricknadel ins Styropor, sodass es wie eine Blüte aussieht. Überlege vorher, wo du welche Farben anlegen willst.
3. Wiederhole diesen Vorgang mit so vielen Stoffstücken, bis nichts mehr von dem Styropor zu sehen ist.
4. Binde eine Schleife aus dem Geschenkband, umwickle sie in der Mitte mit Blumendraht. Stecke den Draht dann in den Kranz.

Silber-Sterne 42

Unter „Recycling" versteht man die Wiederverwendung von Abfällen. So werden in speziellen Containern alte Zeitungen gesammelt, um sie als Altpapier zu „recyceln". Und leere Glasflaschen und Gläser werfen deine Eltern in die Altglascontainer. Damit unterstützen sie die Wiederverwendung von altem Glas. Was aber macht man aus den Aluschalen ausgebrannter Teelichter? Einen hübschen Baum- oder Fensterschmuck zum Beispiel.

Das brauchst du

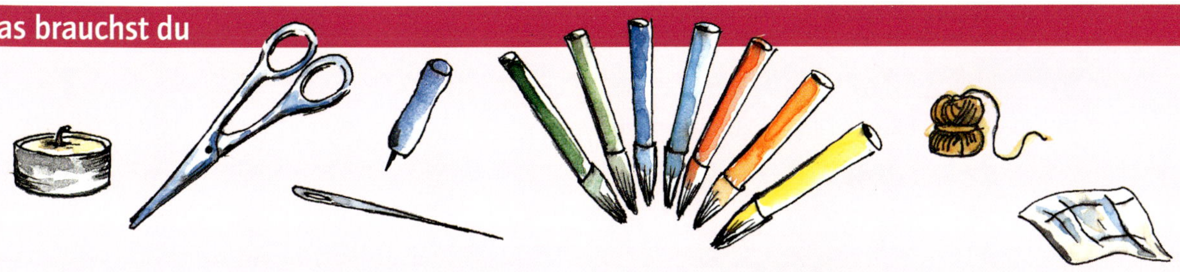

Aluschalen von Teelichtern, 1 Schere, 1 Dorn, 1 Nadel, 1 wasserfesten Filzstift, Bindfaden, 1 Geschirrtuch

So geht's

- 1. Zeichne mit dem Filzstift gleichmäßige Zacken auf die Außenwand der Aluschale.
- 2. Schneide mit der Schere die Aluschale entlang der Linien ein. Es entstehen Zacken. Drücke sie nach außen. Du erhältst einen Stern (siehe Abbildung).
- 3. Lege deinen Stern auf das Geschirrtuch. Stich mit der Nadel ein Punkt-Muster deiner Wahl in den Stern ein.
- 4. Stich mit dem Dorn oben in einen Zacken ein größeres Loch, durch das du den Bindfaden ziehst. Verknote den Faden an den Enden. Nun kannst du den Stern aufhängen.

43 Ostereierstab

Normalerweise kommt die Lust zu basteln ohne Ankündigung. Sie kann dich heute treffen oder morgen. An bestimmten Tagen im Jahr aber solltest du auf Zack sein und dich ganz gezielt in Stimmung bringen: zu den Geburtstagen deiner Eltern, Großeltern oder Geschwister zum Beispiel, zu Weihnachten oder zu Ostern. Für die österlichen Feiertage haben wir einen besonderen Bastelvorschlag – den Ostereierstab.

Das brauchst du

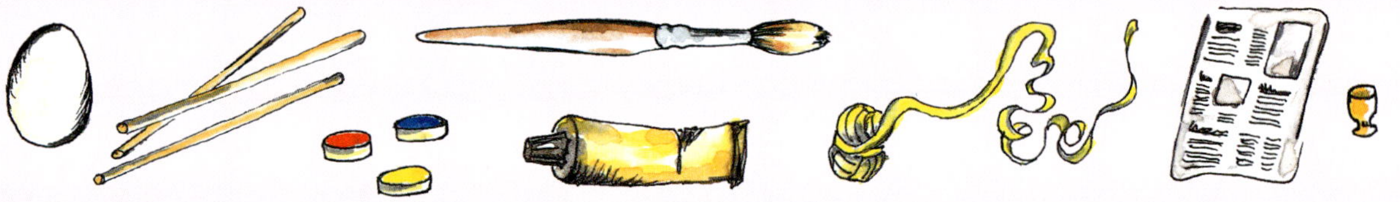

Watte-Eier (bekommst du im Bastelgeschäft), dünne Holzstäbe, Wasserfarben, 1 Pinsel, Klebstoff, schmaleres Geschenkband, Zeitungspapier, Eierbecher

So geht's

- ▶ 1. Lege die Zeitung aus und bemale die Watte-Eier in verschiedenen Mustern mit Wasserfarben.
- ▶ 2. Setze die Eier zum Trocknen in die Eierbecher. Drehe nach einigen Minuten das Ei um, damit auch die Unterseite trocken wird.
- ▶ 3. Gib auf die Holzstäbe einen Tropfen Klebstoff und bohre sie vorsichtig in die Watte-Eier.
- ▶ 4. Binde an den Stab unterhalb des Eis eine kleine Schleife aus dem Geschenkband.

Tipp

Besonders schön sieht der Ostereierstab als Blumengesteck aus. Steck ihn einfach in die Erde eines Blumentopfes. Er passt sehr gut zum Ostergras.

Das brauchst du

Weizensamen, Blumenerde, 1 Blumentopf

So geht's

- ▶ 1. Fülle den Blumentopf mit Erde.
- ▶ 2. Drücke viele Weizensamen in die Erde und begieße die Erde mit Wasser.
- ▶ 3. Halte die Erde feucht und warte etwa eine Woche. Bald sprießt das Gras.

Anspitzbilder 44

Bilder kannst du mit allen möglichen Materialien herstellen. Die ganz großen Künstler wie Rembrandt, Picasso, van Gogh oder Klee haben zum Beipiel mit Ölfarben gemalt. Eigentlich aber kannst du alle Farben benutzen, Acrylfarben, Wandfarben, Aquarellfarben und wie sie alle heißen. Doch damit nicht genug. Du kannst Bilder auch mit Gips gestalten, mit Sand, mit Holz – oder mit den Spänen, die anfallen, wenn du deinen Bleistift anspitzt.

Das brauchst du

Buntstifte, 1 Spitzer mit scharfer Klinge, Klebstoff, Papier, Tonpapierreste in verschiedenen Tönen

So geht's

- 1. Spitze deine Buntstifte ganz langsam an, sodass sich lange Späne bilden.
- 2. Zeichne mit Bleistift Formen auf das Papier, zum Beispiel Fische, Bienen, Bäume, Wolken, Sonne. Fülle diese Formen nun vorsichtig mit den Spänen aus und klebe diese fest.
- 3. Aus Tonpapier kannst du auch Formen ausschneiden und sie dann bekleben: Blüten zum Beispiel, Häuser, Tiere, was immer du möchtest.

45 Kleiner Kordel-Elefant

Er ist so dick wie ein Elefant, er hat Ohren wie ein Elefant und einen Rüssel wie ein Elefant. Und doch ist der Kordel-Elefant kein waschechter Elefant. Dafür aber ist er um einiges nützlicher. Er trägt nämlich in seinem Bauch ein Kordelknäuel. Und die Schnur gibt der Elefant nur preis, wenn man ihn an seinem Schwänzchen zieht. Außerdem ist er stubenrein und trompetet die Nachbarn nicht aus dem Bett – im Ganzen also ein tolles Haustier.

Das brauchst du

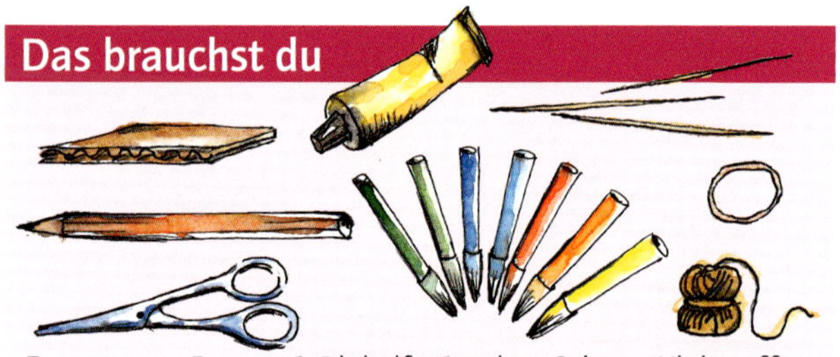

Feste graue Pappe, 1 Bleistift, 1 spitze Schere, Klebstoff, Filzstifte, Zahnstocher, 1 Gummiring, 1 Kordelknäuel

Das musst du vorher wissen

Wie man einen Zopf flicht.

So geht's

- 1. Vergrößere die Elefantenmuster um 400 Prozent auf einem Kopierer.
- 2. Schneide den Elefanten aus und übertrage die Formen mit Bleistift auf Pappe.
- 3. Schneide die einzelnen Pappteile aus.
- 4. Stich in das Vorderteil ein Loch (A) und in das Hinterteil ein kleineres Loch (B).
- 5. Bemale deinen Elefanten.
- 6. Flechte aus Kordelschnüren den Elefantenrüssel. Ziehe ihn durch das größere Loch (A) und verknote ihn auf der Rückseite. Klebe auch die Ohren auf.
- 7. Knicke die Klebelaschen in eine Richtung um und klebe die Einzelteile zusammen.
- 8. Lege das Kordelknäuel in den Elefanten. Ziehe von innen her den Kordelfaden durch das kleine Loch (B).
- 9. Lege den Elefanten auf die Seite. Das Kordelknäuel bleibt im Elefantenbauch. Brich zwei kleine Stücke von dem Zahnstocher ab. Stecke das Gummi von innen durch ein Seitenloch (C oder D) am Elefantenbauch und stecke in die herauskommende kleine Schlaufe das kleine Zahnstocher-Stück. Ziehe das Gummi etwas stramm. Mache dasselbe auf der anderen Elefantenbauch-Seite – fertig!

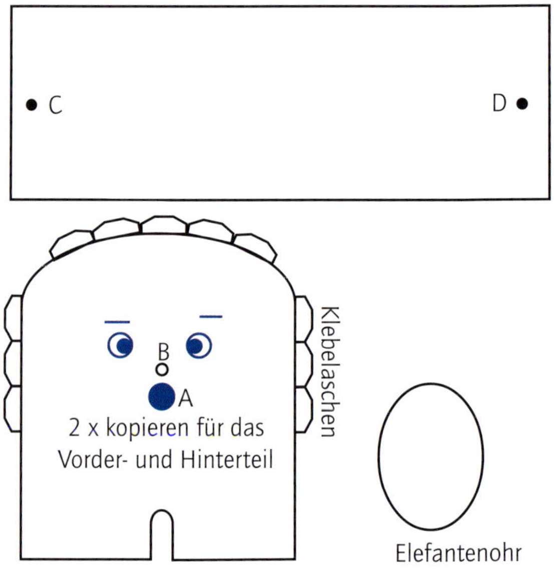

Libellen 46

Die Libelle gehört zweifellos zu den besten Fliegern in der Natur. Scheinbar mühelos schwebt sie in der Luft, um dann blitzschnell nach vorn zu stoßen oder zur Seite zu fliegen. Selbst einen Rückwärtsgang hat das Insekt, was in der Natur äußerst selten ist. Du kannst diese kunstvollen Flugmanöver nachspielen – mit Kunstlibellen, die du selber gebastelt hast und die genauso schön und bunt sind wie ihre lebenden Vorbilder.

Das brauchst du

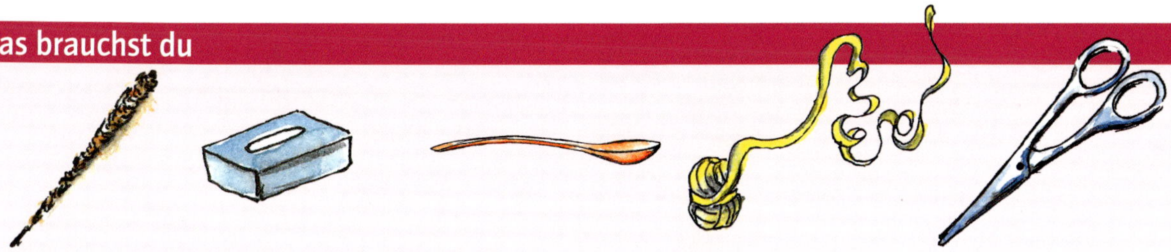

Möglichst bunte Pfeifenreiniger, 1 Videokassette oder etwas ähnlich Großes, 1 Teelöffel, weißen Bast, 1 Schere oder Kneifzange

So geht's

- 1. Schneide zwei Baststücke ab, die ungefähr so lang sind wie der Teelöffel.
- 2. Streiche beide Baststücke ganz glatt. Du wirst sehen, sie sehen dann wie echte Libellenflügel aus!
- 3. Der Pfeifenreiniger sollte ungefähr so lang sein wie die Videokassette, also rund 19 cm. Falls er länger ist, schneide einfach das überschüssige Stück ab. Wenn dein Pfeifenreiniger kürzer ist, macht es nichts. Du bastelst dann einfach eine kleinere Libelle.
- 4. Knicke den Pfeifenreiniger zur Hälfte. Nun hast du zwei kurze Beine.
- 5. Drehe die beiden Beine bis zur Hälfte umeinander. Dann lege die beiden Bastflügel zwischen die Beine. Nun drehe etwas weiter.
- 6. Die beiden Enden der Pfeifenreiniger wickelst du zu einem dicken Köpfchen zusammen. Und nun raus auf die Wiese und lass deine kleine Libelle fliegen!

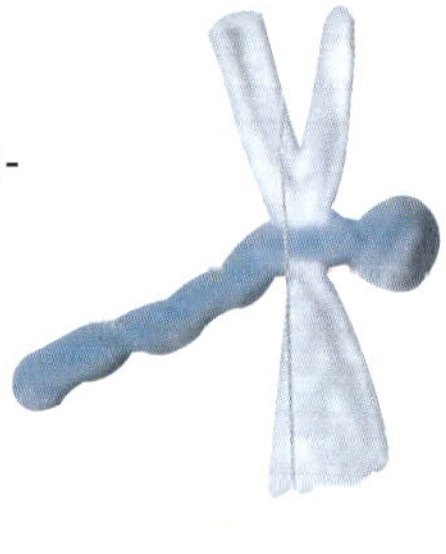

•• 47 Bleistifte mit Köpfchen

Nimm deinen Bleistift in die Hand und schaue ihn dir einmal genau an. Was siehst du? Einen schlichten, dünnen Holzschaft, der am oberen Ende vielleicht noch ein Radiergummi trägt – bäh! Mehr nicht. Viel schöner wäre es doch, wenn du in ein lustiges Gesicht schauen würdest, ein Gesicht, das Spaß macht und dir sagt: „Klasse, dass du mich aus dem dunklen Etui geholt hast und mit mir spielen willst." Hast du Lust auf einen Bleistift mit Köpfchen?

Das brauchst du

Bleistiftaufsatz-Röhrchen aus Moosgummi, kleine Holzkugeln, sehr kleine Wackelaugen, evtl. kleine Fellreste, Klebstoff, Bleistifte, wasserfeste Filzstifte, 1 Schere

So geht's

▶ 1. Setze das Röhrchen auf den Bleistift und klebe die Kugel oben auf das Röhrchen.

▶ 2. Klebe dann die Wackelaugen und die Haare an und zeichne mit den Filzstiften Mund und Nase auf das Gesicht.

Tipp

Aus **Moosgummi-Resten** kannst du noch Knöpfe, Nasen oder Ohren schneiden. Auch eine Halskrause ist möglich: Schneide einen Kreis in der Größe eines Pfennigs aus und klebe ihn zwischen Röhrchen und Holzkugel.

Große Mohnblume 48 ••

Wusstest du, dass Blumen „sprechen“ können? Jede Blume hat ihre eigene Bedeutung und sagt etwas anderes. Rosen zum Beispiel verschenkt man, wenn man ganz doll verliebt ist. Sie sagen: „Ich liebe dich.“ Mit Sonnenblumen gibt man zu verstehen: „Du bist mein Sonnenschein.“ Das Vergissmeinnicht hat sogar einen „sprechenden Namen“, genauso wie das Stiefmütterchen. Was möchtest du mit deiner Blume sagen?

Das brauchst du

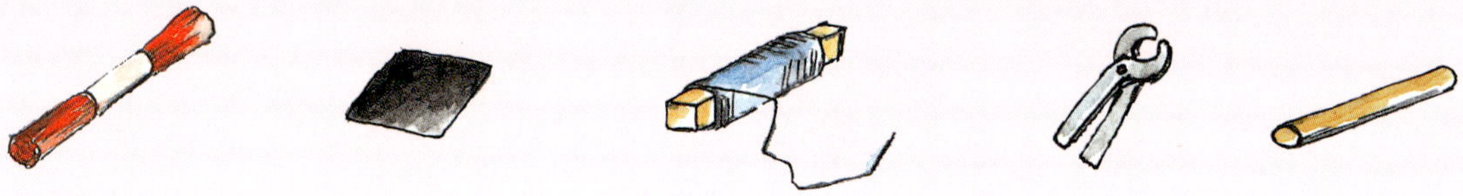

1 Krepppapierrolle in Rot, etwas schwarzes Krepppapier oder schwarze Filzreste, Blumendraht, 1 Kneifzange, 1 Holzstange (5 bis 7 cm Durchmesser)

So geht's

- ▶ 1. Schneide aus dem schwarzen Krepppapier fünf etwa 20 cm lange Streifen und lege sie aufeinander.
- ▶ 2. Kneife etwa 50 cm vom Blumendraht ab. Biege den Draht zur Hälfte.
- ▶ 3. Lege in die entstandene Drahtschlaufe die schwarzen Streifen und drehe dann den Draht so, dass die Streifen in der Mitte fest umschlossen werden. Wickle den Draht um das eine Ende der Holzstange. Schau dir die Zeichnung an.
- ▶ 4. Falte die rote Krepppapierrolle auseinander und falte sie dann zweimal quer zur Hälfte.

- ▶ 5. Lege sie dann fächerartig um die schwarzen Streifen. Es entsteht die Mohnblüte.
- ▶ 6. Halte mit der einen Hand die Mohnblüte fest. Mit der anderen Hand wickelst du die Blüte mit dem Draht am „Blumenstängel“ fest. Fertig ist der dekorative Mohnblumen-Schmuck.

•• 49 Kosmetiktuch-Box

Der Name „Kosmetiktuch" führt ein wenig in die Irre. Es allein zum Abschminken zu benutzen, verfehlt seinen wahren Zweck. „Kosmetiktücher" sind noch sehr viel nützlicher: So kannst du sie für deine Basteleien benutzen, zum Wegwischen von Farbe und natürlich als Schnieftuch. Ein so vielfältiges Tuch braucht eine schöne Box, die du ohne großen Aufwand basteln kannst. Übrigens: Die Box ist auch ideal als Geschenk für alle Mamis und Omis.

Das brauchst du

1 alte und 1 neue Kosmetiktuch-Schachtel, farbige Wellpappe, Moosgummi-Figuren, Glitzer, 1 Schere, 1 Bleistift, Klebstoff

So geht's

1. Schneide den Boden der alten Kosmetiktuch-Schachtel aus und schneide dann den Rest auseinander. Schau dir die Zeichnung an.

2. Lege die Wellpappe so hin, dass die glatte Seite nach oben zeigt.
3. Lege die aufgeschnittene Schachtel auf die Wellpappe und ziehe die Ränder und die Öffnung für die Kosmetiktücher mit Bleistift nach. Schneide das Muster aus.
4. Knicke die Wellpappe zu einer Schachtel ohne Boden. Stülpe sie über die neue Kosmetiktuch-Schachtel und klebe sie fest. Verziere die Wellpappe mit Moosgummi und Glitzer.

So ein Puppen-Theater

Das Puppentheater erfreut nicht nur Kinder. Auch Erwachsene haben am Puppenspiel ihren Spaß. Gerade früher, als es noch keine Fernsehgeräte gab, haben sich die Menschen an dem lebendigen Schauspiel erfreut, sie haben gelacht und geweint und mit den Helden gezittert.

Das Puppenspiel ist schon uralt und auf allen Kontinenten dieser Erde bekannt. Hierzulande waren zum Beispiel die Darbietungen auf den mittelalterlichen Jahrmärkten sehr beliebt und gut besucht. Meistens wurden volkstümliche Stücke gespielt. Der Star des hiesigen Puppenspiels ist zweifellos der Kasper.

Wenn du Lust hast, selbst die Puppen tanzen zu lassen, findest du auf den folgenden Seiten zahlreiche Bastelanleitungen für Puppen. Ob Handschuhpuppen, Sockenpüppchen oder Pong-Pong-Männchen – sie alle warten darauf, mit dir zu spielen.

Die Theaterstücke allerdings musst du dir selbst ausdenken – oder spiele einfach nach, was du heute in der Schule erlebt hast.

50 Stoffmarionette

Aus Stoffresten, etwas Watte und Pappe eine Marionette zu basteln, erinnert schon stark an alte Spukgeschichten und unheimliche Zauberei. Wenn am Ende die Marionette auch noch wie ein kleines Gespenst aussieht, kannst du sicher sein, dass ein paar kleine Gespenster beim Basteln mitgeholfen haben. Du brauchst aber keine Angst zu haben, deine kleinen, unsichtbaren Gäste sind ganz lieb – wie deine eigene Gespenster-Marionette.

Das brauchst du

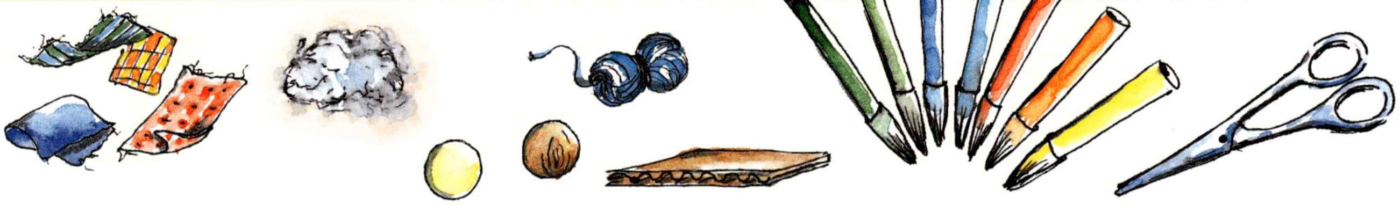

Stoffrest (am besten fließender Stoff), Watte, Holz- oder Papierkugeln (ungefähr 4 bis 5 cm Durchmesser), Wollfaden, Pappe, 1 Filzstift, 1 Schere

So geht's

1. Schneide den Stoffrest quadratisch zu (Kantenlänge etwa 30 cm).
2. Der Kopf der Puppe: In die Mitte des Quadrats legst du die Watte, umfasst sie rundherum mit dem Stoff und bindest das Knäuel mit einem Faden ab. Du kannst statt der Watte auch eine Holz- oder Pappkugel nehmen.
3. Hände und Arme der Puppe: Lege jeweils links und rechts vom Marionettenkopf eine kleinere Wattekugel unter den Stoff. Binde die Wattekugel mit einem Faden ab.

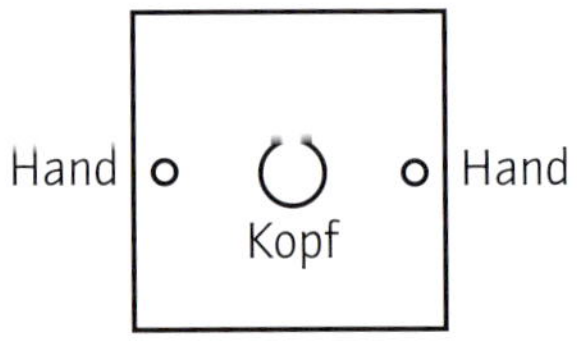

4. Male mit Filzstift ein Gesicht auf die große Kugel. Klebe ein paar lose Wollfäden auf den Kopf – das sind die Haare.
5. Zum Aufhängen bekommen Kopf und Hände je einen Faden. Binde die drei Fäden an einer schmalen rechteckigen Pappe fest. Du kannst die Marionette bewegen, wenn du an den Fäden zupfst.

Sockenpüppchen 51

Wusstest du, dass Waschmaschinen manchmal Socken fressen? Wenn du zwei Socken zum Waschen hineinsteckst, kommt manchmal nur eine wieder heraus. Das ist verblüffend, aber frage deine Eltern, sie werden das bestätigen. Die übrig gebliebene Socke kann einem ganz schön Leid tun. Denn jetzt ist sie ganz allein auf der Welt. Zum Glück aber hat sie dich, denn nun machst du aus ihr ein hübsches Sockenpüppchen und spielst mit ihr.

Das brauchst du

1 alte (Kinder-)Socke, möglichst hellfarbig, Watte oder Reis zum Füllen, Wollfaden, Filzstifte oder Filzreste, Klebstoff, 1 Schere, Geschenkband

So geht's

1. Stopfe die Socke mit dem Füllmaterial aus.
2. Schließe die Socke oben mit dem Wollfaden. Dann bindest du auf der anderen Seite mit einem Faden den Kopf ab, direkt darunter die zwei Ärmchen.
3. Wenn der Stoff hell ist, dann kannst du ein Gesicht aufmalen. Sonst schneide aus Filz Mund, Nase und Augen aus und klebe sie auf.
4. Wenn du noch ein hübsches Geschenkband übrig hast, kannst du das Baby mit einer großen Schleife um den Kopf schmücken.

Tipp

Aus einem alten Kniestrumpf kannst du mit Füllstoff eine Schlange machen.

••• 52 Vogelmarionette

Etwas staksig ist er, dieser Vogel, aber sehr hübsch anzuschauen. Und dass er nicht fliegen kann, macht auch nichts. Schließlich können sich Pinguine und Strauße auch nicht in die Lüfte erheben. Du siehst, dein Vogel befindet sich in sehr guter Gesellschaft. Was du auf jeden Fall beachten solltest: deinem Vogel einen Namen zu geben. Nur so wird er dir ein treuer Freund sein. Unser Vogel heißt übrigens Stanislaus Dünnbein.

Das brauchst du

Dicke, stabile Pappe, dünne Schnur, Vogelfedern, Farben und Pinsel, Klebstoff, starken Zwirn, 1 Schere, 2 10-Pfennig-Stücke, 1 Dorn, 1 Bleistift

So geht's

1. Male auf einem Stück Papier den abgebildeten Vogelkopf und den Vogelkörper stark vergrößert auf, sodass der Vogelkörper ungefähr so groß wird wie ein DIN-A4-Blatt.

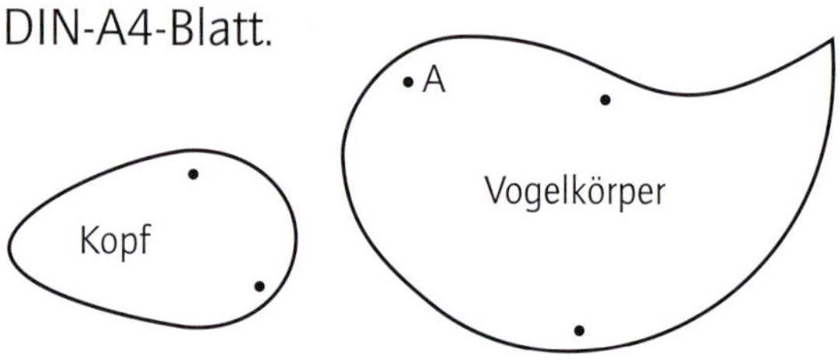

2. Schneide diese Vorlagen aus und lege sie auf die Pappe. Übertrage den Umriss auf die Pappe.
3. Schneide die Formen aus der Pappe. Danach schneidest du die Füße aus:

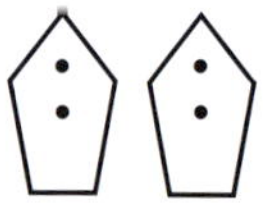

4. Stich mit einem Dorn in die Vogelkörper-Pappe die eingezeichneten Löcher. Auch in die Vogelkopf-Pappe musst du ein paar Löcher stechen. Schau dir die obige Zeichnung an. In die Pappfüße stichst du jeweils in der Mitte und vorn Löcher.
5. Male die Pappteile an: den Schnabel gelb, Augen schwarz, Füße rot, das Gefieder bunt – wie du magst. Lass die Farbe trocknen.
6. Mit einer etwa 10 cm langen Schnur verbindest du den Kopf mit dem Körper. Dafür nimmst du das Loch A am Vogelkörper und das untere am Vogelkopf.
7. Durch das Bauchloch ziehst du ein längeres Schnurstück. Achte darauf, dass die Schnur-Enden auf gleicher Höhe sind. Verknote die Schnur an der Pappe. Die Schnur-Enden führst du jeweils durch die mittleren Löcher der Fußpappen. Klebe sie an den Fußsohlen fest.
8. Gib dem Vogel ein paar Federn: Befestige die Vogelfedern an den Seiten des Körpers. Das sind die Flügel. Und vergiss hinten die Schwanzfedern nicht.
9. Zwei Streifen Pappe, die du noch ausschneidest, legst du zu einem Kreuz übereinander und klebst sie fest. In jedes Ende bohrst du ein Loch.

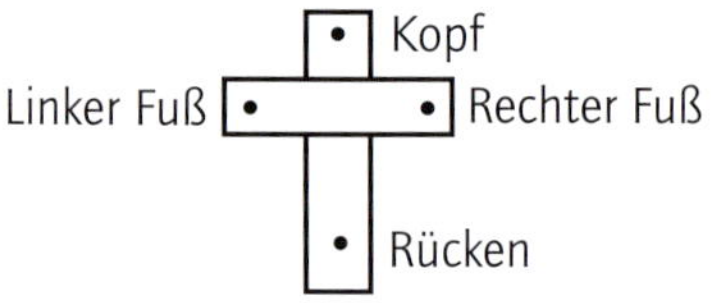

10. Ziehe jeweils einen längeren Faden von den äußeren Löchern zu den vorderen Löchern der Füße. Befestige sie dort. Achtung: Die beiden Fäden sollten gleichlang sein! Einen kürzeren Faden verknotest du am Loch des Rückens und

ziehst ihn zum hinteren Ende des Kreuzes.

▶ 11. Abschließend ziehst du einen Faden vom Kopf zum vorderen Loch des Kreuzes.

▶ 12. Klebe unter die Fußsohlen je ein 10-Pfennig-Stück.
Halte das Kreuz mit einer Hand. Wenn du die Faden-Enden am Kreuz bewegst, bewegt sich der Vogel. Lass ihn ein paar Schritte gehen und Körner aufpicken.

•• 53 Pong-Pong-Männchen

Mit dieser Anleitung lernst du, wie man aus Wolle runde flauschige Kugeln macht. Und du lernst, dass diese Wollkugeln einen richtig witzigen Namen haben: Pong-Pongs heißen sie. Mit diesen Pong-Pongs kannst du eine Menge machen – sie zum Beispiel als Bommel an deine Wollmütze nähen. Oder du machst kleine ulkige Figuren aus ihnen. Du brauchst dafür nicht viel, nur etwas Pappe, ein bisschen Wolle, Filz – und eine gute Portion Geduld.

Das brauchst du

Etwas Pappe, dicke Wolle, Filzreste, 1 dicke Stopf- oder Sticknadel, Klebstoff, Faden, 1 Bleistift, 1 Kaffeetasse, 1 Schere

So geht's

1. Stelle die Kaffeetasse mit der Öffnung nach unten auf die Pappe und male am Rand entlang einen Kreis.
2. Dann drehst du die Tasse um und stellst sie mit dem Boden in die Mitte des Kreises. Umrande den Boden.
3. Schneide aus der Pappe erst den äußeren Kreis aus, dann den kleinen in der Mitte. Lass dir dabei von einem Erwachsenen helfen. Mach noch einen zweiten Ring.
4. Auf die gleiche Art stellst du noch zwei kleinere Ringe her. Nimm statt der Kaffeetasse zum Beispiel ein Trinkglas und ein 2-Mark-Stück.
5. Fädle einen ganz langen Wollfaden in die Nadel ein und nimm ihn doppelt. Lege die beiden größeren Ringe übereinander und umwickle sie mit der Wolle. Dabei führst du den Wollfaden immer wieder durch das Loch. Wenn der Faden aufgewickelt ist, nimmst du den nächsten. Das Loch in der Mitte muss ganz ausgefüllt sein und von der Pappe darf man nichts mehr sehen. Wenn du verschiedenfarbige Wolle nimmst, wird dein Pong-Pong-Männchen bunt.
6. Schneide zwischen den beiden Pappen die Wolle auf und binde sie mit einem Faden in der Mitte ab. Mach zum Schluss einen festen Knoten. Dann ziehst du die Pappe zu beiden Seiten über die Wolle.
7. Umwickle auch die beiden kleineren Ringe mit Wolle. So bekommst du zwei Wollkugeln.
8. Bitte einen Erwachsenen, die beiden Kugeln zusammenzunähen.
9. Schneide aus dem Filz Augen, Nase, Mund und Ohren und klebe sie an die kleinere Kugel – fertig ist das Pong-Pong-Männchen!
   Hast du nur eine Kugel, kannst du sie als Bommel-Pong-Pong für deine Mütze benutzen.

Handpuppen 54 ••

Normalerweise wärmen Socken deine Füße. Das ist ihre Aufgabe. Und so führen sie ein kaum beachtetes Leben in deinen warmen Schuhen und Pantoffeln. Einige wenige Socken aber schaffen den Absprung und werden als Handpuppen bekannt. Vor allem die bunten Strümpfe erobern spielend die Herzen der kleinen Handpuppenspieler. Dann wird ein wenig gebastelt – und schon umhüllen sie deine Hand und spielen mit dir Theater.

Das brauchst du

1 Kniestrumpf, Wollreste, Filzreste in Rot und Schwarz, 2 kleine Wattekugel mit kleinen Wackelaugen, 1 Stück Pappe, Klebstoff, 1 Schere

So geht's

1. Je nach Puppenart musst du an verschiedenen Stellen die Socke aufschneiden: Wählst du die grüne Puppe A (links auf dem Foto), dann musst du die Zehenkappe wegschneiden. Die Puppe hat dann einen kleinen Mund, die Fersenkappe wird zur Stirn. Wählst du eine Puppe wie die gelbe (rechts auf dem Foto), dann musst du einen längeren Schlitz in die Sockensohle schneiden. Der Mund der Puppe ist dann größer, die Fersenkappe wird zum Unterkiefer.
2. **Puppe A**: Schneide aus der Pappe ein ovales Ei, das etwas größer ist als die Mundöffnung in der Socke.
   Puppe B: Schneide aus der Pappe ein ovales Ei, das so lang ist wie die Sockensohle.
3. Dann schneidest du aus rotem Filz ebenfalls ein ovales Ei aus, das etwas kleiner ist als das Pappei.
4. Knicke das Pappei zur Hälfte und führe es durch die Socke bis zur Öffnung. Verteile nun oben auf der Pappe Klebstoff und schlage den Stoff um den Papprand auf die Klebstofffläche.
5. Klebe als Gaumen den roten Filz auf die entstandene Mundöffnung. Der Mund ist fertig!
6. Nun klebe an den Kopf die Wattekugeln. Das sind die Augen. Gestalte aus der Wolle ein paar Haare und klebe sie fest.
7. Warte etwa 30 Minuten, bis der Klebstoff getrocknet ist. Danach kann das Puppentheater beginnen!

55 Kronkorken-Frosch

Frösche zählen zu der Gattung der Amphibien. Amphibien sind Lebewesen, die sowohl im Wasser als auch auf dem Land leben können. Der Kronkorken-Frosch allerdings meidet das Wasser, er mag es lieber warm und trocken. Als Haustier ist er sehr genügsam und pflegeleicht. Wenn du dir einen Kronkorken-Frosch zulegen möchtest, solltest du aber beachten, dass er sehr gesellig ist und gerne Artgenossen um sich herum hat.

Das brauchst du

Pro Frosch zwei Kronkorken, grüne Acryl- oder Lackfarbe, Pinsel, grüne und gelbe Filzreste, 2 Wackelaugen pro Tier (bekommst du im Bastelgeschäft), Modelliermasse, 1 Lineal, 1 Schere, Klebstoff

So geht's

1. Male die Kronkorken grün an und lass die Farbe trocknen.
2. Schneide pro Frosch aus gelbem Filz eine Zunge aus und klebe sie auf die Innenseite eines Korkens.

Zunge

3. Anschließend schneidest du aus dem grünen Filzrest die Füße aus und klebst sie auf die Außenseite des Kronkorkens. Achte darauf, dass die Zunge und Fußspitzen in eine Richtung zeigen.

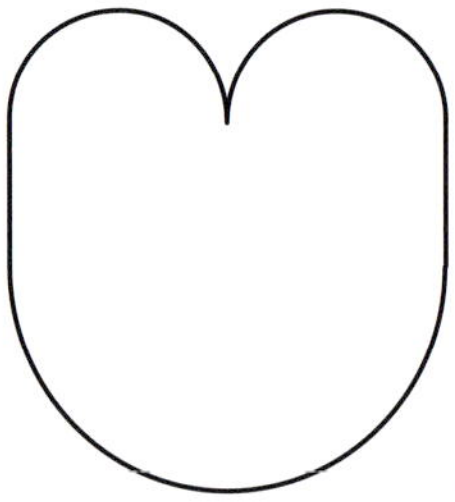

Füße

4. An den rückwärtigen Kronkorken-Rand klebst du einen etwa 1 x 4 cm langen Filzstreifen. Klebe ihn so an, dass er einen halben Zentimeter übersteht.

Modelliermasse, weil sie beim Trocknen schrumpft.

- 5. Den zweiten Kronkorken klebst du so an den überstehenden Filzstreifen, dass eine Mundöffnung entsteht.
- 6. Forme aus der Modelliermasse die beiden Hinterteile der Augen und klebe die Kügelchen jeweils an die Rückseite der Wackelaugen. Nimm ruhig etwas mehr Modelliermasse, weil sie beim Trocknen schrumpft.
- 7. Nun klebst du die Augen auf den oberen Kronkorken.
- 8. Möchtest du den Fröschen noch Hüte machen? Dann schneide aus Filz ein rundes Stück von etwa 3,5 cm Durchmesser aus. Das ist die Hutkrempe. Du faltest sie auf die Hälfte und schneidest in der Mitte der geraden Kante im Halbkreis Zacken ein, sodass ein Loch entsteht. Schau dir die Zeichnung an.

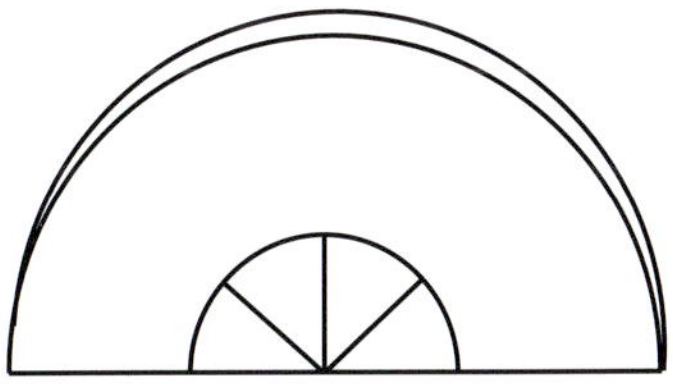

- 9. Biege die Zacken nach oben um und bestreiche sie an der Außenseite mit Klebstoff.
- 10. Als nächstes schneidest du einen 3 cm breiten und 7 cm langen Filzstreifen aus und rollst ihn zusammen. Das Loch in der Mitte muss so groß sein wie das Loch in der Hutkrempe. Die Filz-Rolle befestigst du mit Klebstoff an den Zacken der Hutkrempe .
- 11. In die Filz-Rolle schneidest du oben Zacken ein und biegst sie nach innen um. Bestreiche sie mit Klebstoff und schneide einen runden „Deckel" aus Filz aus, den du auf die Zacken klebst. Schau dir die Zeichnung an.

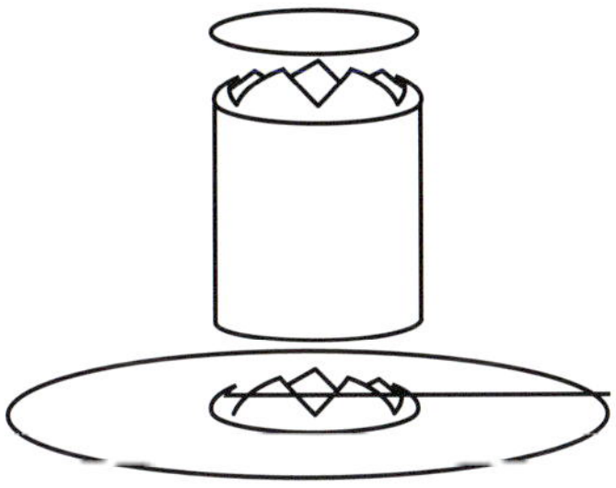

- 12. Male auf Karton einen Teich und stelle die Fröschlein darauf. Oder stelle sie auf einen blauen Teller.

56 Kochlöffelpuppe

Mit der Kochlöffelpuppe hast du eine drollige Zeitgenossin vor dir: Sie ist dünn wie eine Bohnenstange und hat ein Gesicht, das so flach ist wie ein Pfannkuchen. Sie spielt und singt gern und erzählt mit Vorliebe Witze.

Frage deine Freunde, ob sie auch eine Kochlöffelpuppe basteln möchten. Dann habt ihr schnell eine ganze Familie zusammen und könnt das Theaterstück „Bei uns zu Hause ist es am schönsten" aufführen.

Das brauchst du

Kochlöffel aus Holz, Acryl- oder Deckfarben, Pinsel, Klarlack, Wollreste oder Stick- oder Häkelgarn, Klebstoff, breites Geschenkband, 1 Schere

So geht's

1. Die breite Fläche des Löffels wird der Kopf der Puppe. Bemale die Löffelfläche mit einer Farbe für das Gesicht.
2. Den Löffelschaft bemalst du mit einer anderen Farbe. Wenn die Farbe trocken ist, kannst du den Schaft mit andersfarbigen Punkten oder Streifen verzieren.
3. Nun male ein Gesicht auf den Löffel. Du kannst auch Haare oder einen Bart malen. Oder du klebst der Puppe Haare aus Wolle oder Garn an.
4. Klebe das Haar auf dem Kopf der Puppe fest, aber nimm nicht zu viel Klebstoff. Haarschleifen stellst du aus Geschenkband her.
5. Überstreiche anschließend die Puppen mit Klarlack, damit die Farbe an deinen Händen nicht abfärbt, wenn du mit der Puppe spielst.

Tipp

Unterschiedlich geformte Kochlöffel ergeben verschiedene Gestalten. Schaue dir daraufhin mal mehrere Kochlöffel an.
Wenn du noch Stoffreste hast, kannst du ein größeres Stück direkt unterhalb des Kopfes um den Löffelschaft wickeln – als Umhang. So bleibt deine Hand beim Spielen verborgen.

Korkfiguren 57

Wusstest du, dass Kork ein Rohstoff ist und aus der Rinde bestimmter Bäume gewonnen wird? Bis die Rinde aber eine dicke Korkschicht gebildet hat, dauert es ziemlich lange. Deswegen ist es sinnvoll, Korken zu sammeln und an einem Recyclinghof abzugeben, sodass sie wiederverwertet werden können. Oder du recycelst die Korken selbst und verwendest sie zum Basteln. Dafür eignen sie sich ganz prima – wie die Korkfiguren beweisen.

Das brauchst du

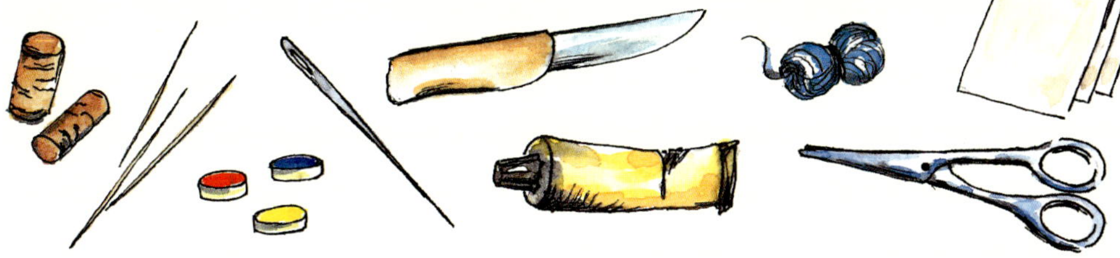

Verschiedene Korken, Zahnstocher, dicke Stopfnadel, Farben, 1 Messer, Wollreste, Klebstoff, 1 Schere, Papier

So geht's

1. Bitte einen Erwachsenen, dir eine breitere Scheibe von dem Korken abzuschneiden.
2. Brich ein Stück vom Zahnstocher ab. Spieße den kleinen Korken auf. Das andere Ende des Zahnstochers steckst du in den großen Korken: Jetzt hat die Figur schon einen Kopf, einen Hals und einen Körper. Gib auf die Zahnstocher-Enden jeweils etwas Klebstoff.
3. Auch für die Arme nimmst du Zahnstocher. Stich sie seitlich in den Korken.
4. Sektkorken eignen sich prima, um menschliche Figuren herzustellen. Der kleinere Knubbel ist dann der Kopf, der Rest des Korkens bildet den Körper.
5. Wenn du Tierfiguren machen willst, nimmst du vier Zahnstocherstückchen als Beine. Achte darauf, dass die Beine gleich lang sind, damit die Figur richtig steht.
6. Den Kopf des Tieres kannst du entweder direkt an den Körper kleben oder mit einem Stück Zahnstocher an dem Körper befestigen – je nachdem, ob das Tier einen Hals haben soll oder nicht.
7. Aus Papier stellst du Ohren, Schnabel, Schwanz, Rüssel oder Hörner her. Klebe sie anschließend an dem Korken fest. Aus den Wollresten machst du Haare oder die Mähne.
8. Zum Schluss malst du deine Figuren nach Herzenslust an.

Tipp

Wenn sich der Zahnstocher schlecht in den Korken bohren lässt, nimm die Stopfnadel zu Hilfe und bohre mit ihr das Loch vor.

•• 58 Handschuh-Löwe

Der Löwe ist der König der Tiere. Ob Zebra, Antilope oder Nilpferd – alle haben sie Respekt vor ihm. Wenn er brüllt, zittert die Erde. Viele Könige haben ihn wegen seiner Stärke und Eleganz zum Wappentier erkoren. Noch heute ziert er zum Beispiel das Wappen Baden-Württembergs. Der Löwe ist in Afrika zu Hause, sein kleinerer Bruder, der Handschuh-Löwe, lebt in Europa. Er ist absolut handzahm, kann aber auch fürchterlich laut brüllen.

Das brauchst du

1 gelben oder hellbraunen Fingerhandschuh aus dünner Wolle, 2 kleine Wattekugeln mit Wackelaugen, braune Wolle, weiße Filzreste, Klebstoff, 1 Schere, 1 Nähnadel, 1 schwarzen Filzstift

So geht's

- 1. Wickle die Wolle mehrmals um deine Hand. Ziehe sie dann vorsichtig ab – du erhältst ein Oval.

Schneide es links und rechts durch (rote Linien). So bekommst du viele gleich lange Wollfäden. Binde sie in der Mitte mit einem der Wollfäden zusammen – fertig ist die Löwen-Mini-Perücke.
- 2. Stelle etwa sechs Mini-Perücken her.
- 3. Nähe die Perücken rund um das Handschuhgelenk fest. Achtung: Nähe sie nicht zu weit hinten an! Am besten ziehst du erst einmal den Handschuh an. Dann zeichnest du mit einem Filzstift die Stellen am Handschuh ein, an denen du die Löwenmähne haben möchtest. Nähe nun die Mähne an das Handschuhgelenk.
- 4. Ziehe den Handschuh wieder an und zeichne die Augen ein. Klebe die Wattekugeln mit den Wackelaugen dort an.
- 5. Klebe weiße Zähne aus Filz dort auf den Handschuh, wo sich deine Fingernägel befinden.

Balle die Faust und halte den Daumen quer unter den ersten Fingergliedern: Wenn der Löwe brüllen soll, ziehst du die vier Finger vom Daumen weg.

Wir verkleiden und schmücken uns

Nicht nur zu Karneval macht es Spaß, sich zu verkleiden. Wer oder was möchtest du gern sein? Ein schöner Indianer oder ein Furcht erregender Pirat, ein schlauer Fuchs oder ein starker Tiger? Oder möchtest du als flatternder Schmetterling deine Welt erkunden?
Mit den verschiedenen Anleitungen, die wir dir auf den nächsten Seiten vorstellen, kannst du dich nach Herzenslust verkleiden und in die Haut anderer Menschen oder aufregender Tiere schlüpfen. Aber das ist noch nicht alles. Was hältst du davon, mit deinen Freunden ein kleines Theaterstück aufzuführen? Gerade beim Theater sind Masken und Verkleidungen unerlässlich. Es gibt dort sogar einen so genannten „Maskenbildner", der nichts anderes zu tun hat als die Schauspieler zu schminken und zu verkleiden.

• 59 Kartoffeldruck-T-Shirt

Dein ganz eigenes T-Shirt selbst gestalten? Kein Problem! Mit ein paar alten Kartoffeln und Stoffmalfarben kannst du nach Lust und Laune dein T-Shirt bedrucken und eigene Muster entwerfen.

Das Beste daran ist: Auf der ganzen weiten Welt wird es ein solches T-Shirt kein zweites Mal geben. Es ist in seiner Art absolut einzigartig, genauso wie du. Insofern passt ihr hervorragend zusammen.

Das brauchst du

1 weißes T-Shirt, Stoffmalfarben, unterschiedlich große Kartoffeln, 1 Messer, Zeitungspapier, 1 Pinsel, evtl. 1 Stoffmalstift

So geht's

1. Bitte einen Erwachsenen, die Kartoffeln in der Mitte gerade durchzuschneiden.
2. Breite das T-Shirt flach auf dem Tisch aus und lege zwischen Vorder- und Rückenteil Zeitungspapier.
3. Streiche die Flächen der Kartoffeln dünn mit Farbe ein. Nun kannst du verschiedene Muster und Motive drucken.

Ein tolles Marienkäfer T-Shirt bekommst du, wenn du die Kartoffeln mit roter Farbe einstreichst und damit das T-Shirt bedruckst. Warte, bis die Farbe getrocknet ist, dann malst du mit einem schwarzen Stoffmalfilzstift Punkte auf den roten Klecks – mit jedem Punkt nimmt der Marienkäfer Gestalt an.

Wenn du gelbe Farbpunkte druckst und mit einem braunen Stift Querstreifen darüber malst, bekommst du ein Bienchen-T-Shirt.

Masken 60 ••

Der Brauch, Masken zu tragen, ist uralt. Was ist das Tolle daran? Ganz einfach: Du kannst dich mit der Maske in jemand anderen verwandeln. Trägst du eine Indianermaske, bist du ein Indianer, setzt du die Maske eines Clowns auf, bist du ein Clown, und sieht deine Maske einem Kaninchen ähnlich, bist du ein Kaninchen. Das ist doch toll. Aber Achtung: Setzt du die Maske ab, verfliegt der Zauber und du bist wieder ganz du selbst.

Das brauchst du

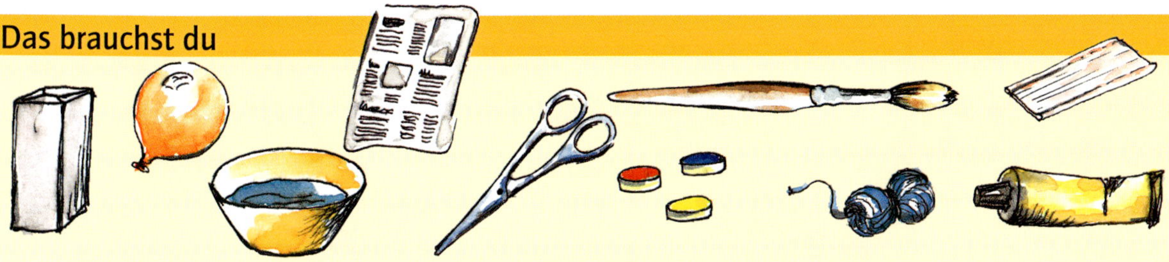

Tapetenkleister, 1 Luftballon, alte Zeitungen, 1 Schere oder 1 Cutter, Acrylfarben, Pinsel, Wollreste, Gummiband, Klebstoff

So geht's

1. Blase den Luftballon auf und binde ihn unten zu. Rühre den Tapetenkleister nach Anleitung an.
2. Reiße das Papier in Streifen, bestreiche es mit Kleister und klebe es um den Ballon. Klebe mehrere Schichten übereinander.
3. Wenn die Papiermasse getrocknet ist, kannst du die Pappmachékugel der Höhe nach in zwei Hälften schneiden. So erhältst du zwei Grundformen für Masken.
4. Die Nasen formst du ebenfalls aus Papier und Kleister. Klebe sie mit Kleister an die Kugelhälften. Male Augen und Mund mit einem Stift auf die Maske und schneide Löcher für die Augen aus. Das ist nicht ganz leicht. Vielleicht bittest du einen Erwachsenen, dir dabei zu helfen.
5. Mit der Schere stichst du in die Seiten jeweils ein Loch für das Gummiband. Das Band hält später die Maske an deinen Kopf.
6. Dann malst du die Maske an. Schneide dir auch ein paar Wollfäden zurecht, die du als Haare auf die Maske klebst. Wetten, dass dich keiner mehr erkennt?

••• 61 Federkopfschmuck

Bei den Indianern in Nordamerika stand er ganz hoch im Kurs: der Federkopfschmuck. Damit haben die Ureinwohner Amerikas gezeigt, wie tapfer und wie stolz sie sind. Bastle dir eine Federhaube, dann bist du der große Häuptling. Überlege dir auch, wie du als Indianer heißen möchtest. Du weißt vielleicht, dass indianische Namen sehr bedeutungsvoll sind – „Federleichte Wolke" ist so ein Name oder „Sitzender Stier". Wie heißt du?

Das brauchst du

1 Stück Wellpappe von mittlerer Dicke, Schnur, 2 kleine und mehrere große Federn, Penne-Nudeln, Holzperlen, Wäscheklammern, 1 breites Gummiband, 1 Schere, 1 30-cm-Lineal, 1 Tasse, weißes Papier, Filzstifte, Klebstoff

So geht's

1. Umrande das Lineal auf der Pappe und schneide die Form aus.
   Stelle die Tasse auf die Pappe und umrande sie. Zeichne noch einen zweiten Kreis. Schneide beide Kreise aus.
2. Den 1. Schritt wiederholst du auf weißem Papier.
3. Bemale den weißen Papierstreifen und die Papierscheiben bunt und nach Indianerart. Klebe sie auf die Pappformen.
4. Schneide von der Schnur zwei etwa 18 cm lange Stücke ab. Ziehe auf jede Schnur eine Perle auf und knote sie an einem Ende fest.
5. Tauche die Spitze einer kleinen Feder in Klebstoff und lege das andere Ende der Schnur darum. Wenn du dir den unteren Rand der Wellpappen-Scheibe anschaust, entdeckst du dort viele kleine Löcher. In eines stichst du vorsichtig die Federspitze, sodass die Feder nach unten zeigt. Die zweite kleine Feder stichst du in die andere Pappscheibe.

6. Mit den großen Federn spießt du jeweils eine Nudel durch ihren Tunnel auf. Dann steckst du die Federspitze oben in das Pappband.
7. Klebe an beide Enden der langen Pappe die runden Scheiben mit der Perlen-Schnur und der Feder. Lass aber an den Enden noch zwei Zentimeter frei. Befestige die Scheibe mit einer Wäscheklammer, bis der Klebstoff hält.

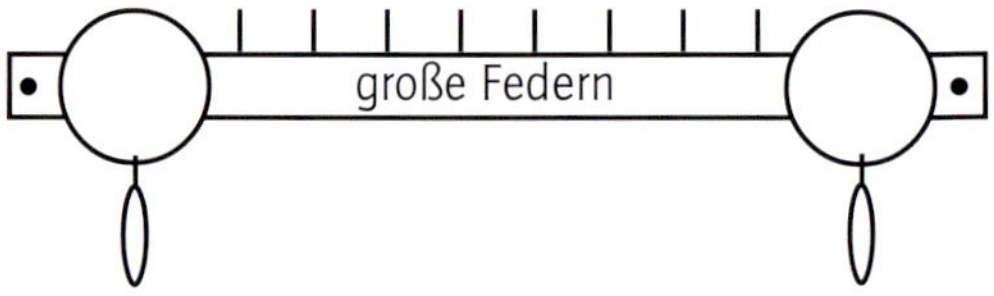

8. In die Enden des Pappstreifens stichst du jeweils ein Loch, an dem du das Gummiband verknotest.

Tipp

Wenn du es noch farbiger magst: Es gibt auch bunte Nudeln zu kaufen.

Monsterfüße 62 ••

Möchtest du gern ein Monster sein, vor dem sich alle fürchten – Uaah! Ein Monster mit Riesenfüßen? Du kannst es ausprobieren. Aber nicht zu lange! Als „normales" Kind mit ganz normalen Füßen bist du sicherlich viel netter.

Das brauchst du

2 Papiertüten, Wasserfarben und Pinsel, 1 Schere, 1 Tacker, Sprühklarlack, 1 Bleistift

So geht's

- 1. Lege die Papiertüten flach hin. Lege die Tüten so, dass die Öffnungen zu deinem Bauch zeigen.
- 2. Lege an den unteren Tütenrand deine Hand. Zeichne mit dem Bleistift deine Hand ganz grob nach, sodass du ein Oval erhältst. Da steigst du nachher mit deinem Fuß hinein.

- 3. Schneide den markierten Teil aus (das ist die weiße Fläche).
- 4. Male die Monsterfüße so an, wie du es haben möchtest. Das Foto gibt dir nur eine Anregung.
- 5. Sprühe die Monsterfüße draußen im Garten, auf der Terrasse oder vor der Haustür mit Sprühklarlack ein.
- 6. Ziehe dir deine Monsterfüße an und tackere hinten die Laschenenden (rote Flächen) zusammen. Nun hast du die richtigen Füße für Sieben-Meilen-Schritte!

Tipp

Die Papiertüten kannst du auch ganz leicht selbst herstellen! Wie, das zeigt dir Anleitung 34 auf Seite 52.

• 63 Erdnuss-Nudeljuwelen

Es müssen nicht immer superteure Perlen, blitzende Edelsteine oder goldene Kettenglieder sein, um eine kostbare Halskette herzustellen. Manchmal genügt schon ein kleiner Trick, um ganz normale Erdnüsse oder Nudeln wie edle Juwelen aussehen zu lassen. Mit ein wenig Farbe und Lack machst du aus Makkaroni und „Peanuts" ein schönes und farbenfrohes Geschmeide, das du zu allen wichtigen Anlässen tragen kannst.

Das brauchst du

Erdnüsse in der Schale, Makkaroni, Perlen, 1 Stopfnadel und dünnen elastischen Faden, Acrylfarben und Pinsel, Acryllack, Klebstoff

So geht's

1. Zuerst malst du die Erdnüsse in verschiedenen Farben an.
2. Zerbrich die Makkaroni in gleichmäßig lange Stücke und tauche sie kurz in einen Becher mit Farbe, weil es zu mühsam ist, sie einzeln anzumalen. Dann holst du die Makkaroni aus der Farbe und trennst sie zum Trocknen voneinander.
3. Wenn sie trocken sind, streichst du die Erdnüsse und die Makkaroni mit dem Lack an. Lass den Lack trocknen.
4. Nimm den Faden und miss ein Stück ab, das als Kette um deinen Hals passt. Fädle den Faden in das Nadelöhr ein. Verknote kurz vor dem Faden-Ende eine Perle.
5. Dann kannst du anfangen, die einzelnen Kettenglieder aufzufädeln. Beginne mit einem Stück Makkaroni. Dann nimmst du eine Erdnuss, dann wieder eine Nudel und so weiter. Durchstich die Erdnuss in der Mitte, wo sie ganz schmal ist. Kurz vor dem Ende der Kette nimmst du als letztes Glied eine Nudel. Dahinter verknotest du wieder eine Perle. Verknote noch die beiden Enden des Fadens miteinander – fertig ist der Halsschmuck. Auf diese Weise kannst du dir auch ein Armband oder eine Fußkette machen.

Perücke 64 ••

Haare lassen sich im Nu verkürzen. Friseure zum Beispiel sind Spezialisten auf diesem Gebiet. Schnipp-schnapp – und die Haare sind ab. Was aber nicht so einfach ist: die Haare so schnell wieder wachsen zu lassen! Ein kleiner Trick löst das Problem. Mit einer Perücke hast du im Handumdrehen wieder lange Haare. Und wenn du magst, haben sie auch eine ganz andere Farbe. Waren deine Haare vorher kurz und blond, so sind sie nun lang und schwarz.

Das brauchst du

Wolle in Schwarz, Gelb, Rot oder Braun, 1 Strumpfhose in der Farbe der Wolle, 1 Sticknadel, 2 Stühle, 1 Ball

So geht's

1. Stelle die Stühle ein bis zwei Meter entfernt mit der Lehne zueinander hin.
2. Wickle die Wolle etwa 10-mal um die Lehnen der beiden Stühle. Schneide dann den Faden ab.
3. Schneide die Wolle an den Stuhllehnen durch. Du erhältst Wollschnüre in gleicher Länge.
4. Lege sie alle aufeinander und binde sie dann mit einer der Wollschnüre in der Mitte fest. Das ergibt den ersten Teil der Perücke.
5. Stelle etwa fünf bis sechs solcher Haarwuschel her.
6. Schnüre an der Strumpfhose die Beinansätze zusammen und schneide die Strumpfbeine ab. Ziehe dem Ball die Strumpfhose über.
7. Nähe die Wollhaare an der Strumpfhose fest.
8. Nun setze dir die Strumpfhose wie eine Mütze auf den Kopf.

65 Freibeuter

Wer träumt nicht davon, einmal im Leben ein Freibeuter, ein Pirat zu sein? Keiner sagt dir dann, was du zu tun und zu lassen hast. Das eigene Schiff ist dein Zuhause und die See ist deine kleine Freundin. Keine Schule, keine Hausaufgaben und kein Aufräumen – herrlich! Aber das ist noch nicht alles: Jeder ordentliche Pirat hat eine Schatzkarte, die ihn zu einer einsamen Insel führt, auf der ihn sagenhafte Schätze erwarten ...

Das brauchst du

1 Tuch oder Stoffrest in der Größe 90 x 90 cm

So geht's

- 1. Falte das Tuch zu einem Dreieck.
- 2. Lege dann das Tuch mit der Faltkante vorne an der Stirn um den Kopf.
- 3. Knote die zwei seitlichen Zipfel hinten über dem Nackenzipfel zusammen. Schau dir die Zeichnung an. Jetzt fehlt nur noch die Augenklappe (die bekommst du in der Apotheke), dann bist du ein richtig gefährlicher Pirat!

Tipp

Bastelanleitung Nr. 5 zeigt dir, wie du dir eine Piraten-Schatzkiste basteln kannst.

Tipp

Wie wär's mit einem **Stirnband?**

Das brauchst du

1 Baumwoll-Damenkniestrumpf. Zum **Dekorieren**: Moosgummireste, Perlen, Aufbügelbilder, Filzreste, Federn, Klebstoff, 1 Nadel

So geht's

- 1. Dekoriere den Kniestrumpf in der Mitte: Schneide aus Moosgummiresten Blumen aus und nähe sie auf den Strumpf. Oder nimm Federn, Perlen und Pailletten, um den Strumpf zu verzieren.
- 2. Dann knotest du die beiden Enden des Strumpfes zusammen.
- 3. Beim Tragen sitzt der Knoten hinten.

Tiermütze 66

Einfach tierisch, diese Mützen! Aus Papier kannst du dir ganz leicht Tiermützen basteln und dich als Hase, Esel, Känguru oder Bär verkleiden – je nachdem, welche Papierfarbe du wählst und für welche Ohrenform du dich entscheidest. Machst du dir große, braune „Löffel" und bist „Meister Lampe", oder möchtest du lieber „Meister Petz" sein? Vielleicht findest du zu Hause noch eine braune Decke, die du dir umhängst – als Fell.

Das brauchst du

Tonpapier, farbig oder weiß, 1 Schere, Klebstoff, 1 Band, Farben (bei weißem Papier), Pinsel, Zentimetermaß

So geht's

1. Nimm das Tonpapier und falte aus einem Rechteck von 40 x 60 cm einen Hut: Die kurze Seite zeigt zu deinem Bauch. Falte nun das Blatt zur Hälfte nach oben. Nun hast du ein kleines Rechteck.
2. Wiederhole den 1. Schritt mit dem kleinen Rechteck. Du erhältst ein noch kleineres Rechteck. Entfalte es aber wieder nach dem Knicken.
3. Die lange, offene Seite des kleinen Rechtecks zeigt zu deinem Bauch. Nun knickst du die oberen Ecken zur Mittellinie hin. Es entsteht eine solche Form:

   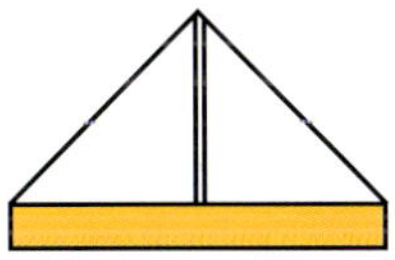

   Den gelben Teil klappst du nach oben:

   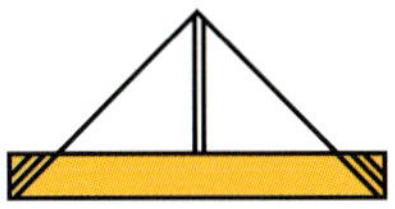

   Die Ecken, die über das Dreieck hinausragen (schraffierte Flächen), schlägst du um und klebst sie fest.

   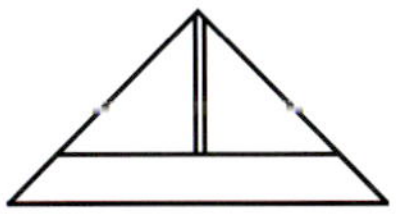

4. Nun kannst du den Hut aufklappen.
5. Mache in die zwei Spitzen links und rechts je ein Loch und knote je ein Stück Band daran.
6. Wenn du weißes Papier benutzt hast, dann male den Hut bunt an.
7. Die Ohren: Wähle zunächst ein Tier aus, das du sein möchtest (zum Beispiel Hase, Fuchs, Esel). Zeichne dann die Form der Ohren auf dem Papier vor und schneide sie aus. Wenn du kein farbiges Papier verwendet hast, malst du die Ohren an. Dann klebst du sie auf.

• 67 Zitrusschmuck

Zitrusfrüchte wie Orangen, Zitronen und Mandarinen sind sehr beliebt, weil sie so gut schmecken und dich gesund halten. Das macht das Vitamin C, von dem du vielleicht schon mal gehört hast. Es schützt dich zum Beispiel vor Erkältungen. Aber das ist nicht der einzige Vorteil dieser Früchte. Du kannst aus ihnen auch wunderschönen Schmuck herstellen. Eine Bitte jedoch: Nimm für den Schmuck ältere Früchte, die niemand mehr essen mag.

Das brauchst du

alte Zitrusfrüchte (Orangen, Zitronen, Mandarinen), 1 Messer, 1 altes Geschirrhandtuch, Nylon- oder Baumwollfaden, Holzperlen

So geht's

- 1. Schneide von der ganzen Orange oder Zitrone viele dünne Fruchtscheiben ab. Du brauchst die Frucht vorher nicht zu schälen!
- 2. Lege das Geschirrhandtuch ausgebreitet auf die Heizung.
- 3. Verteile auf dem Geschirrhandtuch die Scheiben und lass sie dort ein bis zwei Wochen trocknen.
- 4. Sind die Fruchtscheiben vollständig getrocknet, kannst du sie auf den Faden aufziehen. Nimm ab und zu eine Holzperle zwischen die Fruchtscheiben. Zum Schluß verknotest du den Faden an seinen Enden – fertig ist deine Zitruskette.

Tipp

Die getrockneten Scheiben kannst du auch als Schmuck in Windlichtern benutzen.

Tigerkopf 68 ••

Der Tiger ist die größte und kräftigste Großkatze der Welt. Die stattlichsten Exemplare erreichen eine Körperlänge von fast drei Metern. Sie haben im Dschungel niemanden zu fürchten, allenfalls die weitaus größeren Elefanten, aber die fressen nur Pflanzen und keine Katzen. Der Tiger ist somit der Herrscher in seinem Revier und wird von allen beneidet, weil er so ein schönes Fell hat. Was ist mit dir, wärst du gerne mal ein Tiger?

Das brauchst du

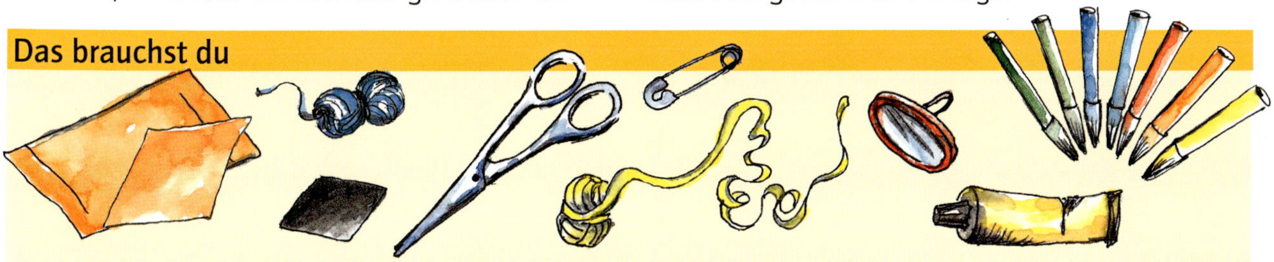

1 größeres und 1 kleineres orangefarbenes Handtuch, 2 lange Wollfäden, 1 Schere, breites Geschenkband, 3 Sicherheitsnadeln, 1 Spiegel, 1 Filzstift, Klebstoff, schwarze Filzreste

So geht's

1. Lege das größere Handtuch quer vor dir auf den Tisch.
2. Hebe das Handtuch am unteren Rand etwas nach oben und knicke es dann handbreit um. „Handbreit" bedeutet: Der Rand soll so breit sein wie deine eigene Hand.
3. Befestige den Rand mit zwei oder drei Sicherheitsnadeln.
4. Lege das Handtuch mit dem Rand nach innen um deinen Kopf. Binde es mit dem Geschenkband an deinem Hals fest.
5. Nimm den Filzstift und stell dich vor den Spiegel. Markiere mit zwei Strichen, wohin du deine Tigerohren haben möchtest.
6. Nimm das Handtuch wieder von deinem Kopf und schneide in die markierten Linien kleine Schlitze für die Ohren.
7. Aus dem kleineren Handtuch schneidest du zwei gleich große Hälften.
8. Falte die längere Seite zur Hälfte. Die geschlossene Seite zeigt zu deinem Bauch. Die unteren Enden links und rechts legst du zur Mitte. Es entsteht eine Spitze. Binde sie mit einem Wollfaden ab. Das erste Ohr ist fertig. Das zweite Ohr stellst du auf die gleiche Art her.
9. Ziehe die Ohren von innen nach außen durch die Schlitze.

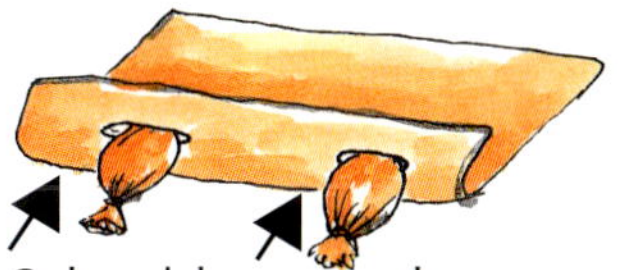

10. Schneide aus schwarzem Filz dünne Streifen und klebe sie auf den Tigerkopf.
11. Nun brauchst du noch ein Tigergesicht. Lass es dir mit Theaterschminke aufmalen. Dann binde dir den Tigerkopf um.

Auch schön: der Löwe

••• 69 Perlrahmen und Indianer-

Bevor du dich mit den Indianer-Armbändern von Seite 91 schmücken kannst, musst du dir einen Perlrahmen basteln. Das ist nicht besonders schwer, vor allem dann nicht, wenn du schon mal mit Holz gearbeitet hast. Zur Not kannst du auch einfach deine Eltern fragen, ob sie dir das Holz zuschneiden können. Oder du gehst direkt zum Baumarkt, in die Holzabteilung, und fragst den Schreiner, ob er ein paar passende Holzabfälle für dich hat.

Das brauchst du

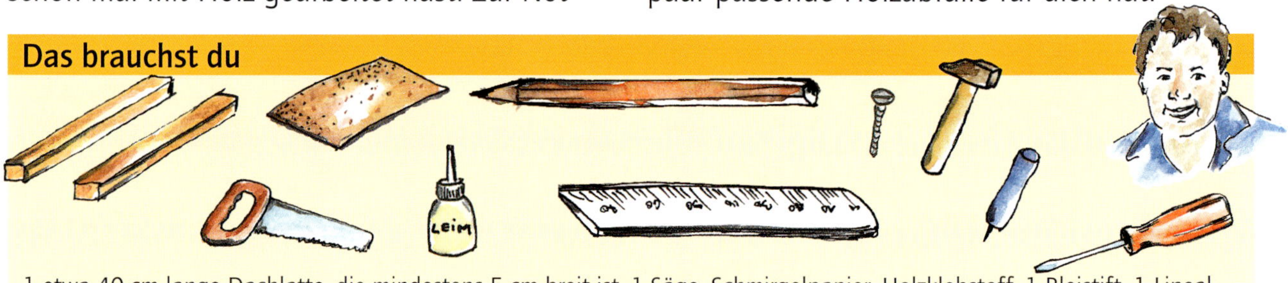

1 etwa 40 cm lange Dachlatte, die mindestens 5 cm breit ist, 1 Säge, Schmirgelpapier, Holzklebstoff, 1 Bleistift, 1 Lineal, 10 dünne schmale Schrauben, 1 Hammer, 1 Dorn, 1 kleinen Schraubenzieher

So geht's

1. Säge von der Dachlatte insgesamt drei Holzteile ab: Du brauchst ein etwa 30 cm langes Stück und zwei 5 cm lange Teile.
2. Schmirgle alle gesägten Teile an ihren Kanten ab.
3. Klebe die kleinen Teile auf die beiden Enden des großen Holzteils. Schau dir die Zeichnung an.

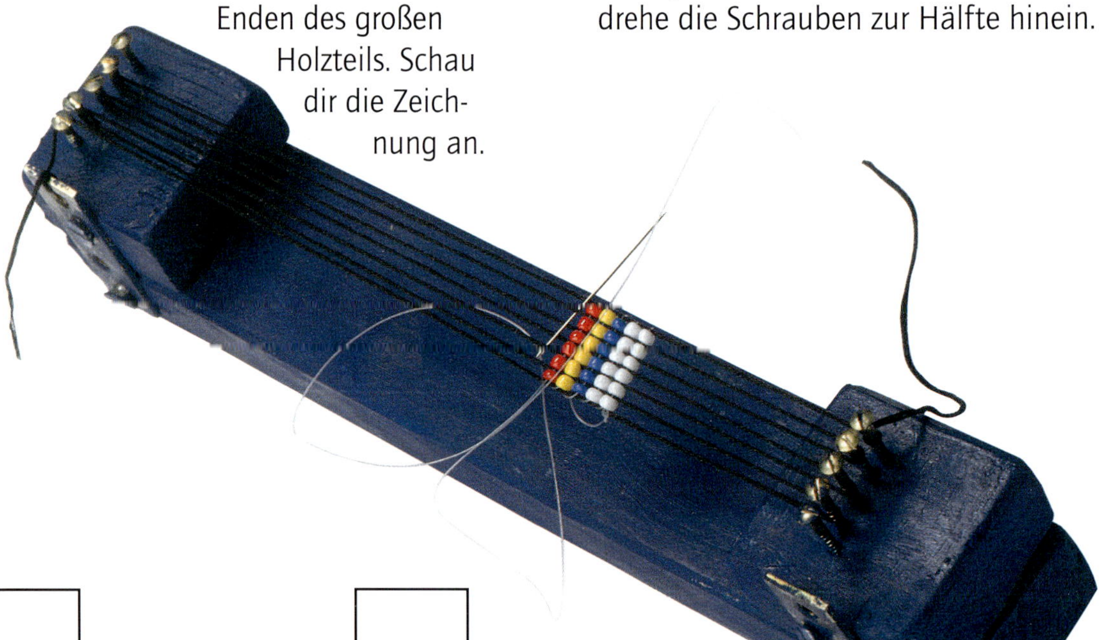

4. Warte ungefähr 1 Stunde, bevor du mit deiner Arbeit fortfährst.
5. Lege das Lineal quer auf eines der kurzen Holzteile. Zeichne fünf Punkte im Abstand von je 5 mm ein. Dasselbe machst du auf dem anderen kurzen Holzteil.

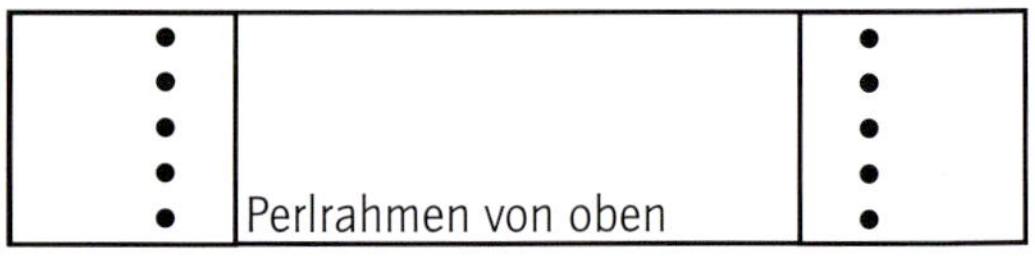

6. Schlage den Dorn kurz in die Punkte und drehe die Schrauben zur Hälfte hinein.
7. Dein Perlrahmen ist fertig. Auf der nächsten Seite erfährst du, wie du Perlarmbänder herstellen kannst.

Armband

Indianer-Armbänder sind ein ganz besonderer Schmuck – sehr fein, sehr bunt, sehr edel. Die ersten Perlreihen zu weben, ist nicht ganz leicht und erfordert etwas Geschicklichkeit. Aber auch hier gilt: Übung macht den Meister.

Das brauchst du

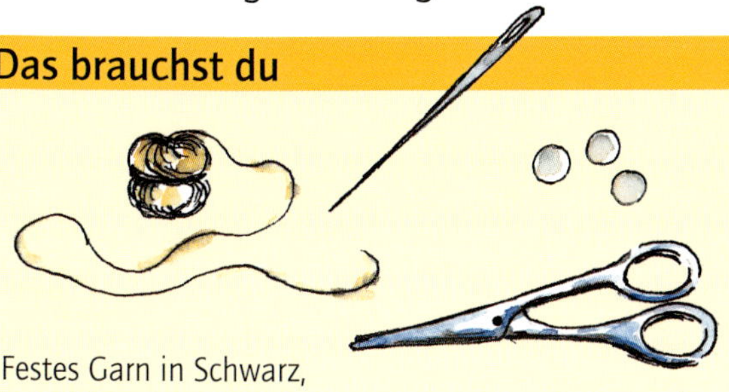

Festes Garn in Schwarz,
1 Perlennadel, Perlen in verschiedenen Farben, 1 Schere

Achtung

Die Nadel muss mit dem doppelt gelegten Garn durch die Perlenbohrung passen! Prüfe unbedingt, welches Garn und welche Nadel für deine Perlen richtig sind.

So geht's

1. Verknote eine Schnur an der rechten Schraube (roter Ring). Ziehe den Faden über den Rahmen, führe ihn zwischen den beiden gegenüberliegenden Schrauben (A) hindurch und ziehe ihn um den ganzen Rahmen herum. Dann führe den Faden weiter durch das nächste Schraubenpaar (B) und spanne ihn bis zu den gegenüberliegenden Schrauben und so weiter. Wenn der Rahmen umspannt ist, verknote das Ende der Schnur an der letzten Schraube (blauer Ring).

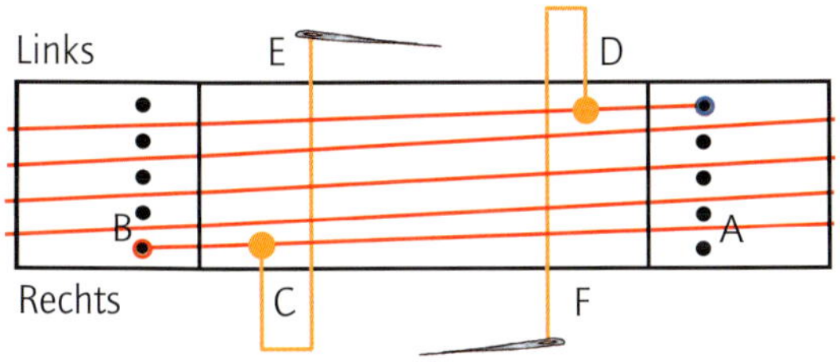

2. Schneide einen langen Faden ab und fädle ihn durch die Nadel.
3. Bist du Linkshänder, dann verknote deinen Faden am Garnstrang ganz rechts (C). Bist du Rechtshänder, dann verknote den Faden am ersten Garnstrang ganz links (D). Führe die Nadel nun **unter** den Garnsträngen zur anderen Seite (E oder F) durch. Für den Linkshänder ist die Ausgangsposition der Nadel dann links, für den Rechtshänder rechts.
4. Fädle vier Perlen durch die Nadel. Ziehe die Perlen bis zum Fadenende durch.

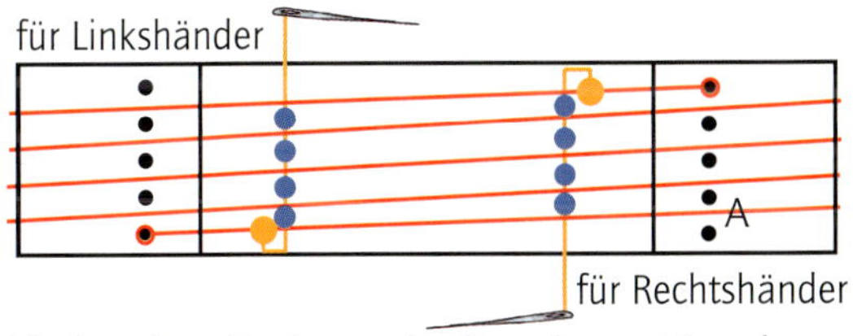

5. Halte den Faden mit der einen Hand stramm und drücke die Perlen mit der anderen Hand (mit dem Zeigefinger!) von unten nach oben in die Zwischenräume der Garnstränge. Achtung: Die **Perlenlöcher** müssen **über** den Garnsträngen liegen! Halte die Perlen so fest!
6. Nun ziehe die Nadel **über** den Garnsträngen durch die vier Perlen. Die erste Perlenreihe ist fest!
7. Bringe deine Nadel wieder an die Ausgangsposition: Ziehe die Nadel unter den Garnsträngen hindurch auf die andere Seite (E oder F).
8. Nun wiederholen sich die Schritte vier bis sieben, bis dein Armband lang genug ist.
9. Beende dein Flechtwerk, indem du den Faden am Garnstrang verknotest.
10. Drehe den Rahmen um und schneide die Garnstränge am Boden des Rahmens in der Mitte durch. Du erhältst zwei Armband-Enden. Flechte sie zu einem Zopf und verknote sie.

•• 70 Schmetterlingsflügel

Für Flugversuche ist dieses Flügelpaar leider nicht geeignet. Aber für eine lustige Verwandlung in einen bunten Schmetterling, eine fleißige Biene oder eine dicke Hummel sind die Flügel wunderbar. Neben zwei alten Drahtbügeln und einer Nylonstrumpfhose brauchst du auch noch etwas Farbe, um dich zu schminken. Und schon kannst du wie ein echter Schmetterling durch die Weltgeschichte flattern.

Das brauchst du

2 Einwegbügel aus Draht (gibt's in der Reinigung), 1 helle Nylonstrumpfhose, 1 Sticknadel und Nähgarn in Weiß, Klebeband, 2 Sicherheitsnadeln oder breites Geschenkband in deiner Lieblingsfarbe

So geht's

1. Lege die beiden Kleiderbügelhaken aufeinander wie auf der Abbildung und umwickle sie mit Klebeband. Biege anschließend die beiden Bügel rund.

2. Ziehe über beide Bügel jeweils ein Strumpfhosenbein.
3. Wickle den Mittelteil um die festgeklebten Haken. Nähe entweder das Wickelende mit Nadel und Faden fest oder benutze das Klebeband. Fertig sind die Flügel!
4. Mit zwei Sicherheitsnadeln oder mit zwei langen Geschenkbandstreifen in deiner Lieblingsfarbe kannst du die Flügel an einem T-Shirt befestigen.

Wir haben Hunger, Hunger, Hunger …

Kochen macht einfach Spaß: Du suchst dir die leckeren Zutaten zusammen und vermischst und verrührst sie zu einem köstlichen Brei. Dann tauchst du deinen Finger hinein – mmh, lecker. Der Chefkoch muss schließlich wissen, wie seine Kreation mundet. Und wenn du den Teig in den Ofen schiebst, wird es erst richtig spannend. Dann kannst du nämlich zusehen, wie er „aufgeht" und größer wird und dabei eine so appetitlich braune Farbe annimmt. Dir läuft das Wasser schon im Munde zusammen. Aber dann kommt der Höhepunkt: Du verzierst die Leckerei nach allen Regeln der Backkunst und servierst sie. Hörst du schon die „Ahs" und „Ohs"?

Du findest auf den folgenden Seiten ein paar tolle Rezepte für leckere Knabbereien, süße Speisen und erfrischende Getränke. Lade doch einmal deine Freunde zum Essen oder zu einer kleinen Cocktailparty ein. Die werden sich wundern, was du alles machen kannst!

71 Schichtsaft

Er sieht schon eigenartig aus – schmeckt aber fantastisch: der Schichtsaft. Wenn du zu Bananensaft etwas Kirschsaft gießt, entstehen die merkwürdigsten Formen und Farben. Deshalb solltest du etwas Zeit mitbringen, wenn du den Saft zubereitest. Ihn nach dem Eingießen sofort zu trinken, wäre zu schade. Beobachte das bunte Durcheinander im Glas, das Rot und Weiß. Wenn sich schließlich die Farben vermischt haben – prost!

Das brauchst du

Kirschsaft, Bananensaft, 1 Glas

So geht's

- ▶ 1. Fülle das Glas zu einem Drittel mit Bananensaft.
- ▶ 2. Gieße nun langsam und vorsichtig etwas Kirschsaft dazu – fertig!
  Beobachte einmal, wie sich die Säfte verhalten, wenn du die Reihenfolge änderst. Und auch die Temperatur der Getränke hat einen Einfluss darauf, wie sie sich vermischen.

Fruchtcocktail

Keine Party ohne Cocktails! Und keine Cocktails ohne Barmann oder Barfrau, die diese köstlichen Getränke mixt: Die Profis machen daraus eine richtige Show. Sie werfen den „Shaker" mit links in die Luft, fangen ihn mit rechts wieder auf, drehen ihn blitzschnell und – schwuppdiwupp – das Getränk ist fertig. Abschließend wird es noch schön serviert, das heißt mit Orangenscheiben, einzelnen Kirschen, Eiswürfeln oder Zuckerrand verziert.

Das brauchst du – für 2 Kinder

1 Orange, 1 Esslöffel Himbeersirup, ½ Tasse Sprudelwasser, 1 Zitrone, 1 Saftpresse, 2 schöne Gläser, 2 flache Teller, Zucker

So geht's

- 1. Verziere die Gläser mit einem Zuckerrand: Drücke den Glasrand zunächst in etwas Zitronensaft, dann auf einen mit Zucker gefüllten Teller. Der Zucker bleibt am Rand kleben. Das sieht toll aus. Presse danach die Orange und die Zitrone aus.
- 2. Vermische den Orangensaft mit dem Himbeersirup. Gib einige Spritzer Zitronensaft hinzu. Vielleicht haben deine Eltern einen Shaker. Das ist ein verschließbarer Mixbecher, mit dem du die Zutaten mischen kannst.
- 3. Verteile den Saft auf zwei Gläser.
- 4. Dann kannst du die Gläser mit Sprudelwasser auffüllen. Verziere sie noch mit einer halben Orangenscheibe. Stell den Trinkhalm ins Glas – fertig!

72 Sommerbowle

Puh, nachdem du mit deinen Freunden gespielt und herumgetobt hast, braucht ihr sicherlich etwas zu trinken, etwas Kühles und was Leckeres. Wie wär's mit einer Bowle? Gerade in der heißen Jahreszeit ist die Bowle prima, weil sie herrlich erfrischend ist: Schön kühl, schön fruchtig und, wenn du magst, auch schön süß. Und nebenbei ist sie auch noch gesund, weil du eine ganze Menge Obst hinzugefügt hast.

Das brauchst du

1 Flasche Mineralwasser, Saft einer Zitrone, verschiedene Früchte (Erdbeeren, Orangen, Zitronen, Äpfel, Kiwis, Bananen), Eisstücke, evtl. Zucker oder Himbeersirup, 1 Bowlen-Kelle,1 große Bowlen-Schale

So geht's

1. Gib den Sprudel in die Bowlen-Schale und gieße den Zitronensaft dazu.
2. Schneide die Früchte in Stücke oder Scheiben und gib sie in die Bowle.
3. Dann kommen noch die Eisstücke hinzu.
4. Wenn dir die Bowle zu sauer ist, süßt du sie mit Zucker oder Himbeersirup.
5. Mit einer Bowlen-Kelle kannst du das Getränk in Gläser füllen – mmh, lecker!

Eintunksoße 73

Wenn dich der „Bärenhunger" plagt, solltest du nicht unbedingt dieses Rezept auswählen. Die Eintunksoße ist eher etwas für Genießer, die nur einen Happen zu sich nehmen möchten. Vor allem, wenn bei dir eine Fete steigt, ist die Eintunksoße zu empfehlen. Eine kleine Stärkung zwischendurch tut immer gut. Ein Tipp: Nehmt die Gurken, Möhren und Paprika ruhig in die Finger, wenn ihr das Gemüse in die Soße tunkt – dann schmeckt es noch besser.

Das brauchst du – für 6 bis 8 Kinder

1 Packung Frischkäse und etwas geriebenen Käse, etwas Milch, 1 Möhre, 1 Bund Schnittlauch, 1 Schüssel, 1 Holzlöffel, 1 Schale, 1 großer Teller, 1 Reibe, 1 Messer, 1 Schere. Zum **Tunken**: Gurke, Paprika, Möhren, Taco-Chips ...

Tipp

Verschiedene **Soßen** kannst du auch mit saurer Sahne herstellen.

Das brauchst du

1,5 bis 2 Becher saure Sahne (à 200 g), 1 Teelöffel Kräutermischung, 1 Teelöffel Paprikapulver edelsüß, etwas Kresse, etwas Salz, 3 Schälchen

So geht's

▶ 1. Teile die saure Sahne in drei Schälchen auf.

▶ 2. In jede gibst du je eine Zutat (Kräuter, Paprikapulver, Kresse) und verrührst sie mit der Sahne.

▶ 3. Schmecke die Soßen noch mit etwas Salz ab.

So geht's

▶ 1. Gib den Frischkäse und den geriebenen Käse in eine Schüssel und rühre ihn mit einem Holzlöffel glatt.

▶ 2. Gib nach und nach ein wenig Milch hinzu und rühre die Creme gründlich um.

▶ 3. Schneide den gewaschenen Schnittlauch mit der Schere in kleine Stücke und gib ihn bis auf einen kleinen Rest zur Creme.

▶ 4. Schäle eine Möhre und rasple sie in feine Stücke. Lege auch davon ein bisschen zu Seite. Den Rest gibst du zur Käsecreme.

▶ 5. Rühre die Käsecreme kräftig um und fülle sie in eine schöne Schale. Obendrauf kannst du den verbliebenen Schnittlauch und die Möhren streuen – das sieht schön aus und macht Appetit.

▶ 6. Wasche das Gemüse (Gurke, Paprika, Möhren) und schneide es vorsichtig in Streifen.

▶ 7. Stelle die Schüssel mit der Käsecreme auf einen großen Teller und lege das Gemüse und die Taco-Chips rundherum. Nun kann fröhlich getunkt werden.

74 Kalter Hund

Sicherlich weiß kein Mensch, warum dieser Kuchen „Kalter Hund" heißt. In einigen Regionen Deutschlands wird er auch „Kalte Schnauze" oder „Kellerkuchen" genannt, was schon aufschlussreicher ist. Denn du brauchst diesen Kuchen nicht in den Ofen zu schieben und zu backen. Du musst ihn nur abkühlen lassen, zum Beipiel im kühlen Keller. Apropos: Kennst du auch das Gegenstück zum „Kalten Hund", den „Hot Dog"?

Das brauchst du – für 4 Kinder

250 g rechteckige Butterkekse, 200 g Vollmilchschokoladen-Kuvertüre, ½ Päckchen Vanillezucker, ½ Fläschchen Rum-Aroma, 1 Kastenform, Pergamentpapier, 1 kleineren und 1 größeren Topf

Bei dieser Anleitung musst du vorher wissen, was ein „Wasserbad" ist: Du gibst die Schokoladen-Kuvertüre in einen kleineren Topf, den du in einen größeren Topf mit Wasser stellst. Du erwärmst das Wasser und bereitest so dem kleinen Topf ein „Wasserbad".

So geht's

▶ 1. Zerlasse bei kleiner Hitze die Schokoladen-Kuvertüre im Wasserbad. Die Kuvertüre schmilzt langsam. Wenn sie flüssig ist, lässt du sie unter ständigem Rühren ein wenig abkühlen.

▶ 2. Gib dann den Vanillezucker zu der Schokoladenmasse und gieße das Rumaroma dazu. Verrühre alles noch einmal.

▶ 3. Lege eine Kastenform mit Pergamentpapier aus.

▶ 4. Schichte abwechselnd eine Lage Kekse und eine Lage Schokoladenmasse übereinander. Den krönenden Abschluss bildet eine Keksreihe.

▶ 5. Nun stelle den Kuchen über Nacht kalt, bis die Schokoladenmasse hart ist – fertig ist der „Kalte Hund".

Muntere Muffins 75

Witzig ist allein schon der Name dieser bunten Gesellen. Das „u“ in M**u**ffins wird nämlich wie ein „a“ gesprochen: M**a**ffins. Das kommt daher, weil diese Gesellen einen langen Weg hinter sich haben: Sie kommen aus England und Amerika, und dort spricht man halt das „u“ als „a“ aus.
Bevor du jedoch mit dem Backen beginnst, frage deine Eltern, ob sie ein Muffin-Backblech mit runden Vertiefungen haben.

Das brauchst du – für 6 Kinder

200 g Mehl, 175 g braunen Zucker, 3 Esslöffel Kakaopulver, 1 Ei, 2 Teelöffel Backpulver, ½ Teelöffel Natron, ¼ Teelöffel Zimt, 100 ml Pflanzenöl, 125 g Buttermilch. Für die **Verzierung**: 200 g Vollmilchschokoladen-Kuvertüre, Smarties, 2 Schüsseln, 1 Sieb, 1 Backpinsel, 1 Quirl oder Schneebesen, 1 spezielles Muffin-Backblech oder Muffin-Papierförmchen

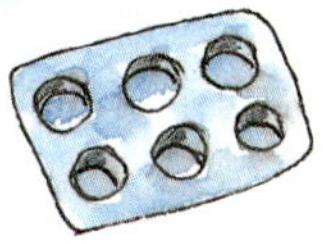

So geht's

▶ 1. Heize den Backofen auf 180 °C vor.
▶ 2. Pinsle die Vertiefungen des Bleches mit etwas Öl ein.
▶ 3. Siebe das Mehl in eine Schüssel und vermische es mit dem Backpulver, Natron, Zimt und dem Kakaopulver.
▶ 4. In einer anderen Schüssel schlägst du das Ei auf und verquirlst es mit dem Schneebesen. Gib den Zucker hinzu, das Öl und die Buttermilch. Rühre kräftig um.
▶ 5. Rühre das Mehl unter die flüssige Masse.
▶ 6. Nun fülle den Teig in die Vertiefungen des Blechs, sodass sie fast randvoll sind.
▶ 7. Lass die Muffins 20 bis 25 Minuten auf mittlerer Schiene im Ofen backen.
▶ 8. Bitte einen Erwachsenen, das Blech aus dem Ofen zu holen. Die Muffins müssen gleich aus der Form herausgenommen werden und auf einem Gitter abkühlen.
▶ 9. In der Zwischenzeit machst du die Schokoladen-Kuvertüre in einem Wasserbad heiß (wie das geht, steht auf Seite 98).
▶ 10. Nun kannst du die Muffins in die flüssige Schokoladensoße tauchen, etwas trocknen lassen und dann mit Smarties bekleben.

> **Tipp**
>
> **Bananen-Muffins**
> Nimm drei Bananen, schäle und zerdrücke sie mit einer Gabel. Dann mischst du den Bananen-Brei unter die Teigmasse.
>
> **Muffins mit Orangengeschmack**
> Gib zwei Teelöffel abgeriebene Orangenschale zu dem Teig. Nimm aber nur Orangen, die unbehandelt sind, das heißt, die nicht mit Giften gespritzt wurden.

76 Pfannkuchengesicht

Ganz normale Pfannkuchen sind ja schon enorm köstlich. Aber wenn dich die Pfannkuchen auf dem Teller auch noch freundlich anschauen, dann sind sie unwiderstehlich und einfach zum Anbeißen.

Die einzige Schwierigkeit bei diesem Rezept besteht darin, den Pfannkuchen zu wenden – nicht selten nimmt der Ärmste daran Schaden. Wenn das passiert, dann überlege, welchem Gegenstand er nun wohl ähnlich sieht.

Das brauchst du – für 3 bis 4 Kinder

2 Tassen Milch, 3 Eier, 250 g Mehl, 2 Messerspitzen Salz, Pflanzenöl zum Braten, 1 Schüssel, 1 Sieb, 1 Schöpfkelle, 1 Pfanne, 1 Messer. Für das **Gesicht**: kleine Tomaten, Radieschen, Ketschup oder 1 rote Paprika, Kresse

So geht's

- 1. Siebe das Mehl in eine große Schüssel. Rühre die Eier, das Salz und die Milch dazu. Achte darauf, dass keine Mehlklümpchen im Teig verbleiben.
- 2. Wenn der Teig fertig ist, erhitzt du in einer Pfanne zwei bis vier Esslöffel Pflanzenöl. Der Pfannenboden muss ganz knapp mit Öl bedeckt sein.
- 3. Mit einer Schöpfkelle gibst du den Teig in das heiße Öl. Lass den Pfannkuchen goldgelb anbraten. Zum Wenden nimmst du am besten einen Bratenwender, vielleicht lässt du dir von einem Erwachsenen dabei helfen. Auch die Rückseite sollte goldgelb sein. Die fertigen Pfannkuchen kommen auf einen Teller.
- 4. Wasche das Gemüse gründlich mit Wasser ab.
- 5. Nun legst du aus zwei kleineren Scheiben Tomate die Augen. Das Radieschen wird die Nase. Nimm etwas Ketschup und male einen Mund auf den Pfannkuchen. Oder nimm dafür zwei Streifen rote Paprika.
- 6. Je eine Tomatenscheibe legst du an die Seiten des Pfannkuchenkopfs. Das sind die Ohren.
- 7. Haare soll das Gesicht auch noch bekommen. Lege etwas Kresse um den Kopf herum – Punkt, Punkt, Komma, Strich, fertig ist das Mondgesicht.

Toasthaus 77

Vielleicht kennst du das Zeichenspiel „Dies ist das Haus vom Nikolaus und nebenan vom Weihnachtsmann“. Dieses Spiel ist zwar sehr nett und prima gegen Langeweile. Aber es hat einen Nachteil: Du kannst das Haus nicht essen, wenn es fertig ist. Mit dem Toasthaus ist das ganz anders. Es wird extra zum Verzehr gebaut. Und du stellst es wie das Haus vom Nikolaus in acht Schritten fertig. Na, hast du Lust und Hunger bekommen?

Das brauchst du – für 4 Toasts

6 Scheiben Toast, Ketschup, Majonäse oder Streichkäse, 4 Scheiben Käse, Kresse und Petersilie, 1 Scheibe rötliche Wurst, 1 Schneidebrett, 1 Messer, 4 Teller

So geht’s

- 1. Dies: Toaste die Brotscheiben.
- 2. ist: Vier der Scheiben bestreichst du mit Majonäse oder Streichkäse.
- 3. das: Die zwei anderen schneidest du einmal quer durch, sodass vier Dreiecke entstehen. Die bestreichst du mit Ketschup.
- 4. Haus: Lege die vier Scheiben auf jeweils einen Teller und lege die vier dreieckigen Scheiben wie ein Dach oben an die Toastscheiben.
- 5. vom: Nun schneidest du aus den Käsescheiben kleine Rechtecke als Fenster und Haustüren aus. Lege sie auf die Toastscheiben.
- 6. Ni-: Neben dem Haus legst du einen kleinen Garten aus Kresse und Petersilie an.
- 7. ko-: Einen Schornstein braucht das Haus ja auch noch! Dafür schneidest du aus einer Scheibe Wurst ein kleines Rechteck aus und legst es an das Dach. Nimm etwas Petersilie als Rauch.
- 8. laus: Fertig ist das „Haus vom Nikolaus“. Guten Appetit!

78 Witzige Häppchen

Die Großen haben für diese kleinen Häppchen einen pompösen Namen: „Kanapees" heißen sie. Die Großen belegen diese kleinen Brote zudem mit superteuren Lebensmitteln wie Kaviar, Lachs und Krabben. Alles Schnickschnack, denn Käse schmeckt genauso gut. Und versuche mal, aus Krabben oder Kaviar eine Tierform auszustechen ... Auf ein Hasen-Käse-Brot oder einen Happen in Herzform können die Erwachsenen also lange warten.

Das brauchst du

Plätzchenausstecher (Schmetterlinge, Hasen, Herzen, Blumen), Toast, Pumpernickel, Kräcker, Butter, 1 Messer, 1 Schneidebrett, Käse in Scheiben geschnitten (Käseaufschnitt), 1 großen Teller oder 1 Platte

So geht's

- 1. Schneide den Toast oder Pumpernickel in zwei Hälften oder viertel die Scheiben, je nachdem, wie groß die Ausstecher sind.
- 2. Bestreiche das Brot und die Kräcker mit Butter.
- 3. Stich mit den Ausstechern auf einem Brett aus dem Käse verschiedene Formen aus.
- 4. Nun lege die Käsemotive auf die Brote und richte das Ganze auf einem großen Teller an. Vielleicht hast du noch Tomaten, Gurken oder grünen Salat zum Dekorieren.

Tipp
Salatgurke lässt sich auch prima ausstechen.

Arme Ritter 79 ••

So arm kann der kleine Ritter gar nicht sein, der sich diese feine Süßspeise zubereitet – sie schmeckt nämlich köstlich. Das Beste aber ist, dass sie aus alten, trockenen Brötchen hergestellt wird – die bei dir zu Hause nun heiß begehrt sein werden: Deine Eltern wollen sie, um Paniermehl zu machen, und du denkst an die gebratene Delikatesse. Was meinst du, wer die Brötchen bekommt? Unser Tipp: Der „arme Ritter" wird das Rennen machen.

Das brauchst du – für 4 Kinder

4 bis 6 trockene Brötchen, 2 Eier, ½ l Milch, 2 Esslöffel Zucker, ½ Päckchen Vanillezucker, 5 Esslöffel Paniermehl, 2 Esslöffel Magarine, Zucker und Zimt, 1 Pfanne, 1 Schüssel

So geht's

- ▶ 1. Halbiere die Brötchen.
- ▶ 2. Rühre aus Eiern, Milch, Zucker und Vanillezucker einen Teig und weiche die Brötchen darin 10 Minuten ein.
- ▶ 3. Erhitze die Margarine in der Pfanne.
- ▶ 4. Nimm die Brötchen aus dem Teig und ziehe sie durch das Paniermehl. Brate sie in der Pfanne auf jeder Seite goldgelb an. Lass dir beim Braten von einem Erwachsenen helfen.

  Am besten schmecken die Armen Ritter mit Zucker und Zimt. Dafür nimmst du einen Teelöffel Zimt und vermischst ihn mit 2 Teelöffeln Zucker.

80 Bananenlollis

Wenn man Kinder in deinem Alter fragt: „Was isst du am liebsten?", dann hört man immer wieder drei Dinge: „Bananen mag ich", „Eis ist klasse" und „Lollis sind so schön süß". Was liegt also näher, als „gefrorene Bananenlollis" herzustellen? Wir haben das mal gemacht und sie einigen Kindern zum Probieren gegeben – es ist der Hit. Teste den Lolli auch einmal – die nächste Party kommt bestimmt, und dann hältst du eine tolle Überraschung bereit.

Das brauchst du – für 8 Kinder

8 kleine Bananen, 100 g Kokosflocken, Ahornsirup, 8 Lolli- oder Eisstiele , 1 kleine Schüssel, 1 Backpinsel, 1 flachen Teller, 1 Backblech, Klarsichtfolie

So geht's

- 1. Schäle die Bananen und schneide unten ein Stück ab.
- 2. Drücke in die abgeschnittenen Enden vorsichtig den Stiel hinein.
- 3. Gieße etwas Ahornsirup in eine Schüssel. Tunke den Pinsel hinein und bestreiche die Bananen mit Sirup. Halte dabei die Bananen am Stiel.
- 4. Streue die Kokosflocken auf einen flachen Teller.
- 5. Wälze die Bananen in den Kokosflocken, bis sie gleichmäßig bedeckt sind.
- 6. Lege die Lollis auf ein mit Klarsichtfolie bedecktes Backblech und stelle es für vier Stunden ins Gefrierfach.
- 7. Dann kannst du die Lollis auf einen Teller legen, aber wartet noch etwa 15 Minuten mit dem Essen, dann sind sie etwas weicher.

Tipp
Statt der Kokosflocken kannst du auch Schokostreusel nehmen.

Tipp
Bunte Lollis machst du mit flüssiger Lebensmittelfarbe. Pro Farbe nimmst du eine Schüssel, in die du die Kokosflocken gibst. Färbe die Flocken ein und rühre ein wenig um. Dann wälzt du die mit Ahornsirup bestrichenen Bananen darin.

Fisch-Reibekuchen 81

Manchmal sind verzierte Speisen so schön, dass man sie gar nicht essen mag, wie den Fisch-Reibekuchen zum Beispiel. Auf dem Teller sieht er aus wie ein richtiger Fisch. Zudem siehst du das Meer, die Sonne und ein paar aufsteigende Luftbläschen. Du sitzt vor einem richtigen kleinen Kunstwerk. Fast zu schade, um aufgegessen zu werden. Aber was soll es: Dein Magen knurrt, und der Fisch lacht dich an – Petri heil und guten Hunger!

Das brauchst du – für 6 Kinder

25 g Butter, 3 große Kartoffeln, 1 Ei, Milch, 200 g Tunfischstücke aus der Dose, 75 g Brotkrumen oder Paniermehl, Pfeffer, Pflanzenöl zum Braten, 1 Pfanne, 1 Brett, 1 Kartoffelstampfer, 1 Rührschüssel, 1 Topf. Zum **Garnieren**: Erbsen, Petersilie, 4 Scheiben Zitrone, einige Scheiben Gurke

So geht's

▶ 1. Schäle die Kartoffeln, schneide sie in kleine Stücke und gib sie in einen Kochtopf.

▶ 2. Lass die Kartoffeln ungefähr 15 Minuten kochen.

▶ 3. Wenn sie weich sind, lass sie von einem Erwachsenen abgießen. Gib dann die Butter, die Milch und das Ei hinzu.

▶ 4. Bitte jemanden, den Topf festzuhalten, während du die Kartoffeln mit dem Kartoffelstampfer zerdrückst. Aufgepasst! Der Topf ist noch heiß, lege ein Handtuch zwischen dich und den Topf.

▶ 5. Fülle die Kartoffelmasse in eine Rührschüssel und gib den Tunfisch, die Brotkrumen und den Pfeffer dazu. Rühre alles um.

▶ 6. Nun muss die Masse für 30 Minuten in den Kühlschrank.

▶ 7. Danach nimmst du vier gleiche Portionen ab und formst daraus einen Fisch. Lege ein Brett unter.

▶ 8. Bitte einen Erwachsenen, dir beim Braten der Fisch-Reibekuchen zu helfen. Sie brauchen pro Seite etwa 5 Minuten.

▶ 9. Wenn der Fisch fertig ist, garniere ihn auf dem Teller mit einer Erbse als Auge und der Petersilie als Luftbläschen. Lege die Gurkenscheiben so auf den Teller, dass sie wie Wasser aussehen; die Zitronenscheibe wird die Sonne.

82 Schokokussgesellen

Wenn Schokoküsse eine kleine Nase bekommen, Kugeläuglein und einen Satz roter Öhrchen und wenn sie alle zusammen auf dem Kuchentablett stehen, dann werden sie plötzlich putzmunter. Höre ihnen dann mal zu, was sie untereinander so alles tuscheln: „Hallo, Herr Nachbar, wer hat dich denn so schön herausgeputzt?" Und wenn du noch näher herangehst, was hörst du dann? „Iss mich, iss mich" – na dann, Mahlzeit!

Das brauchst du

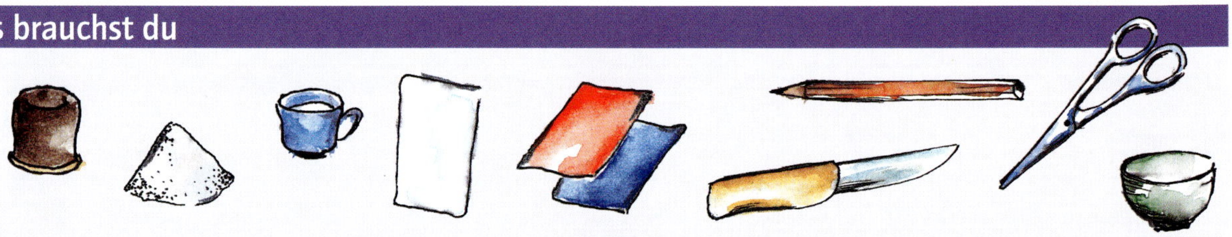

Schokoküsse, Puderzucker, 1 Tasse mit heißem Wasser, 1 Frühstücksbeutel, farbiges Tonpapier, 1 Küchenmesser, 1 Bleistift, 1 Schere, 1 kleine Schüssel

So geht's

▶ 1. Stelle die Tasse mit dem heißen Wasser und die Schokoküsse bereit.

▶ 2. Male mit Bleistift auf dem bunten Papier Ohren, Nasen oder Flügel für die Schokokussfiguren. Schneide die Formen aus.

▶ 3. Tauche das Messer in das heiße Wasser und schneide vorsichtig Schlitze in den Schokokuss. Achtung: In die Schlitze steckst du anschließend die Papierohren, -nasen und -flügel. Überlege dir also vorher, an welchen Stellen du das heiße Messer ansetzt.

▶ 4. Nimm vier Esslöffel Puderzucker und rühre ihn in einer Schüssel mit ein paar Tropfen Wasser an. Rühre so lange, bis die Masse dickflüssig und ohne Klümpchen ist. Wenn sie zu dick ist, gib noch ein wenig Wasser hinzu; wenn sie zu dünn ist, nimmst du noch ein wenig Puderzucker.

▶ 5. Schneide von dem Frühstücksbeutel eine Ecke ab, sodass die Tüte unten ein ganz kleines Loch hat. Gieße dann den Zuckerguss in die Tüte. Wenn du die Tüte nun drückst, kommt ein feiner Strahl Zuckerguss aus dem Löchlein. Damit malst du die Gesichter: Mund, Nase und Augen. Lass den Zuckerguss dann trocknen. Fertig sind die lustigen Gesellen.

Tipp
Wenn du einen Teil des Zuckergusses mit Lebensmittelfarbe einfärbst, werden die Figuren noch bunter.

Brownies 83

Was haben Brownies und Muffins (die von Seite 99) gemeinsam? Richtig, sie werden eigenartig ausgesprochen. Die Brownies sind auch eine Erfindung der Amerikaner. Und deshalb klingt das „ow" wie ein „au" – „Braunies". Übersetzt bedeutet das soviel wie „Braune". Die Leckereien heißen also genauso wie sie aussehen. Und was haben sie mit den Muffins noch gemeinsam? Auch richtig: Sie schmecken einfach großartig – himmlisch süß!

Das brauchst du – für 4 bis 6 Kinder

1 Backform ca. 23 x 32 cm, 120 g Blockschokolade, 120 g Butter oder Margarine, 4 Eier, 380 g Zucker, 140 g Mehl, 2 Prisen Salz, 2 Teelöffel Backpulver, 100 g gehackte Hasel- oder Walnüsse, 1 Kochlöffel, 1 Topf, 1 Schüssel

So geht's

- 1. Schmelze die Blockschokolade mit der Butter bei schwacher Hitze in einem großen Topf.
- 2. Wenn die Schokolade flüssig ist, nimm den Topf von der Platte und rühre mit einem Kochlöffel nach und nach den Zucker und die Eier unter.
- 3. Mische Mehl, Salz und Backpulver und rühre die Mischung Löffel für Löffel in die Schokoladenmasse ein.
- 4. Zuletzt hebst du die gehackten Nüsse unter.
- 5. Jetzt muss die Backform eingefettet werden, bestäube sie anschließend mit Mehl, dann kann der Teig hinein.
- 6. Backe den Teig im vorgeheizten Backofen bei 150 °C etwa 70 Minuten lang.
- 7. Dann nimmst du die Form aus dem Ofen, lässt sie etwas abkühlen und schneidest den noch warmen Kuchen in 4 x 4 cm große Quadrate.

Tipp
Wer keine rechteckige Backform hat, kann auch eine Auflaufform oder eine Springform nehmen.

•• 84 Würstchen im Schlafrock

Pssst, diese Würstchen sind noch ganz verschlafen, wenn sie serviert werden. Du solltest sie auch nicht aufwecken, denn dann könnte es sein, dass sie vom Teller hopsen und das Weite suchen – und das wäre doch schade.

Sobald du also irgendwo ein Würstchen im Schlafrock siehst, solltest du Ruhe bewahren, dich wie ein Kätzchen anpirschen, schwuppdiwupp das Würstchen an dich nehmen – und es genießen.

Das brauchst du

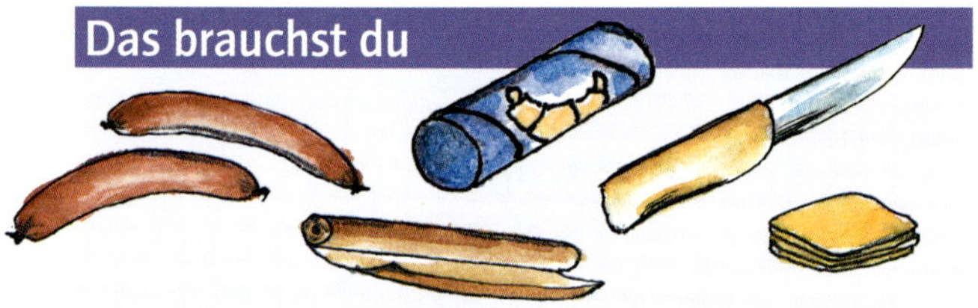

Wienerwürstchen, 1 Packung Fertigteig für Croissants aus dem Kühlfach oder Fertigblätterteig aus der Tiefkühltruhe, evtl. Scheiblettenkäse, Backpapier, 1 Messer

So geht's

▶ 1. Wenn du Blätterteig aus der Tiefkühltruhe nimmst, musst du ihn vorher auftauen lassen. Trenne die einzelnen Teigplatten mit dem Messer.

▶ 2. Du legst das Würstchen auf eine Ecke der Teigplatte und rollst es ein.

▶ 3. Die eingerollten Würstchen legst du auf ein Backblech mit Backpapier.

Tipp

Schneide eine Scheibe Scheiblettenkäse diagonal durch. Lege ein Dreieck auf den Croissantteig und rolle dann das Würstchen ein.

Ketschup und Senf schmecken zu den Würstchen im Schlafrock ausgezeichnet.

▶ 4. Das Blech schiebst du dann in den auf 175 °C vorgeheizten Ofen. Lass den Teig etwa 25 Minuten backen, bis er goldbraun ist.

Serviere die Würstchen im Schlafrock, wenn sie noch heiß sind. Dann schmecken sie am besten!

Kekshäuschen 85

„Knusper, knusper Knäuschen, wer knuspert an meinem Häuschen ...?" Jetzt kannst du auch mal an einem Häuschen knuspern. Nur ist das im Gegensatz zum Märchen von Hänsel und Gretel völlig ungefährlich. Das Haus wird nämlich nicht von einer Hexe bewohnt, sondern von kecken und absolut harmlosen Gummibärchen. Das Kekshäuschen ist schnell errichtet und auf deiner Geburtstagsparty sicherlich ein voller Erfolg.

Das brauchst du

Butterkekse, Puderzucker, 1 Praline oder Dominostein, Gummibärchen, Saft einer Zitrone, 1 Messer, 1 Löffel

So geht's

1. Mische den Puderzucker mit Zitronensaft an, sodass du eine dickflüssige Masse erhältst. Rühre so lange, bis die Puderzucker-Klümpchen aufgelöst sind.
2. Nimm einen Butterkeks und klebe darauf mit etwas Zuckergussmasse den Dominostein oder die Praline.
3. „Säge" mit einem Messer vorsichtig einen weiteren Keks in zwei gleiche Hälften. Klebe die beiden Teile mit dem Zuckerguss als Spitzdach über den Dominostein. Dann lass die Zuckermasse gut trocknen.
4. Als Schornstein kannst du noch ein kleines Stück Keks aufs Dach kleben.
5. Vor das Häuschen setzt du ein Gummibärchen. Das ist der ehrwürdige Hausbewohner.
6. Zum Schluss kannst du die Hütte mit etwas Puderzucker bestäuben: Das sieht dann aus, als hätte es gerade erst geschneit.

86 Gurkenkrokodil

Normalerweise beißen die Krokodile ja alles, was ihnen vor die große Klappe läuft. Schnapp – und schon wächst dort kein Gras mehr. Deswegen sollte man einen weiten Bogen um diese Reptilien machen. Es sind keine Kuscheltiere – es sei denn, du hast ein Gurkenkrokodil vor dir. Ein solches kannst du ohne Probleme mit nach Hause nehmen. Dein Vorteil: Jetzt kannst du herzhaft beißen – schnapp und lecker.

Das brauchst du

1 Salatgurke, 2 Oliven mit Paprika gefüllt, 2 Zahnstocher, kochend heißes Wasser, 1 Schüssel mit einigen Mandeln (10 bis 15 Stück), 1 Geschirrtuch, 1 Gemüsemesser

So geht's

▶ 1. Überbrühe die Mandeln in der Schüssel mit kochend heißem Wasser. Vorsicht! Bitte deine Eltern, dir zu helfen. Warte, bis das Wasser handwarm ist. Schütte das Wasser dann ab und ziehe den Mandeln die Schale ab. Teile die Mandeln sofort in zwei Hälften. Lege sie auf ein Geschirrtuch und lass sie eine Stunde trocknen.

▶ 2. Schneide in der Zwischenzeit die Gurke an der Spitze bis zur Hälfte ein. Das wird das Krokodilmaul.

▶ 3. Klappe das Maul ein wenig auf. Ritze den „Unterkiefer" mit einem Messer ein. Du machst zwei Ritzen, eine auf der linken Seite und eine auf der rechten (rote Linien). Ritze auch den Krokodilrücken vom Maulende bis zum Schwanz ein.

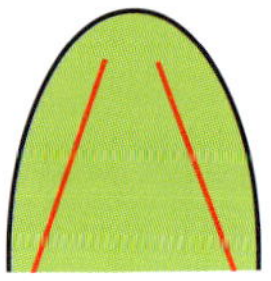

Unterkiefer

▶ 4. Stecke in diese Ritzen so viele Mandelhälften wie möglich. Achtung: Im Maul musst du etwas Geduld haben. Dort bleiben die Mandelhälften nicht sofort stecken.

▶ 5. Überlege dir, wo das Krokodil seine Augen haben soll. Stecke dort mit dem Zahnstocher die beiden Oliven fest.

Wir basteln mit Naturmaterialien

Die größte Baumeisterin, so heißt es, ist die Natur. Warum? Immer wieder setzt sie uns Menschen ins Staunen, weil sie aus den unterschiedlichsten „Baumaterialien" eine unendliche Fülle an Formen, Farben, Landschaften und Tieren schaffen kann. Schau dich nur einmal an einem Kieselstrand um. Dort liegen zwar Tausend und Abertausend Kieselsteine – aber du wirst nicht einen finden, der einem anderen absolut gleicht.

Durchstreife die Natur, entdecke Tannenzapfen, Walnussschalen und Treibholz – und entdecke, was du mit diesen Naturmaterialien alles machen kannst. Oder erlebe Natur hautnah, zu Hause, mit deinem kleinen Zimmergarten.

87 Kräutergarten

Kennst du einige Kräuter, die man in der Küche verwendet? Zum Beispiel Schnittlauch, Petersilie, Kresse, Basilikum oder Dill? Manchen Speisen geben sie erst „den letzten Pfiff". Zudem sind Kräuter sehr gesund. Einige von ihnen besitzen sogar große Heilkräfte, wie Rosmarin oder Salbei. Die meisten Kräuter sind nicht sehr anspruchsvoll und gedeihen gut. Wir verraten dir, wie du deinen eigenen kleinen Garten anlegen kannst.

Das brauchst du

1 leere Obstkiste (die bekommst du im Supermarkt oder auf dem Wochenmarkt), Farbe und 1 großen Pinsel, 1 Plastiktüte, 1 kleine Handschaufel, Pflanzenerde, Wasser, Frischhaltefolie, kleine Kieselsteine, verschiedene Samen für Küchenkräuter: Kresse, Schnittlauch, Dill, Petersilie

So geht's

- 1. Male die Kiste mit einer schönen Farbe an.
- 2. Wenn sie trocken ist, schneidest du die Plastiktüte auf und legst sie in der Kiste aus.
- 3. Dann füllst du die Pflanzenerde hinein. Verteile die Erde gleichmäßig in der ganzen Kiste.
- 4. Jetzt kannst du die Kräuter aussäen. Folge dabei der Beschreibung auf der Packung. Jede Pflanze hat eigene Ansprüche. Gleich danach gießt du das ausgebrachte Saatgut mit ein wenig Wasser.
- 5. Mini-Beete kannst du mit kleinen Kieselsteinen anlegen. Oder grenze die Beete mit abgebrannten Streichhölzern ab.
- 6. „Überdache" nun die Kiste mit der Frischhaltefolie. So erzeugst du unter der Folie ein Klima, das das Keimen des Saatgutes fördert. Sobald das erste Grün aus dem Boden sprießt, entfernst du die Folie wieder.
- 7. Stelle deinen Kräutergarten an einen hellen, nicht zu kalten Ort. „Kalte Füße" mögen die Samen nicht. Achte darauf, dass die Kräuter immer gut mit Wasser versorgt sind. Nach wenigen Wochen kannst du schon ernten. Die meisten Kräuter wachsen nach, wenn man sie abgeschnitten hat.

Tipp

Kräuter-Stulle

Ganz toll schmecken Kresse und Schnittlauch auf einem Butterbrot. Schneide dafür die Kräuter mit der Schere in kleine Stücke auf einen Teller. Bestreiche ein Brot mit Butter oder Quark und drücke die bestrichene Fläche auf den Teller mit den Kräutern.

Minigarten 88 ••

Pflanzen sind Lebewesen. Sie trinken und wachsen genauso wie du. Am besten kannst du das beobachten, wenn du einen kleinen Garten in deinem Zimmer hast. Du brauchst allerdings ein wenig Geduld, um das Wachstum zu bemerken. Ein Tipp: Drück einen kleinen Stock in die Pflanzerde, sodass er in der Höhe bündig mit dem Pflanzentrieb abschließt. Schon bald wird die Pflanze den kleinen Stock überragen – sie ist gewachsen.

Das brauchst du

6 kleine, miteinander verbundene Jogurtbecher, 1 Holzplatte oder sehr stabilen Karton (ungefähr Din A3 oder etwas kleiner), Pflanzenerde, einige Pflanzenableger, Sand, Acrylfarben, Tapetenkleister, 1 Becher, halbgefüllt mit Wasser, 1 Pinsel, Klebstoff

So geht's

1. Von den Jogurtbechern schneidest du vier im Stück ab.
2. Male die Becher an.
3. Die vier Becher stellst du auf die rechte Hälfte der Pappe und klebst sie dort fest. Die zwei anderen Becher stellst du auf die linke Hälfte und befestigst sie.
4. Nun rührst du den Kleister mit etwas Wasser an (etwa 4 Esslöffel Kleister auf einen halben Becher Wasser) und verteilst ihn gleichmäßig über die gesamte Fläche der Platte. Streue darauf den Sand, sodass die Unterlage bedeckt ist.
5. Warte, bis die Klebe getrocknet ist, dann fege die noch lockeren Sandkörner mit einem Pinsel vorsichtig ab.
6. Jetzt füllst du die Pflanzenerde in die Becher und steckst die Pflanzenableger hinein. Gib ihnen gleich etwas Wasser. Aber vorsichtig: Sorge dafür, dass die Pflanzen immer ausreichend, aber nicht zu viel Wasser bekommen. Das Wasser darf sich nicht am Becherboden sammeln und im Becher „stehen".

Tipp
Der Minigarten ist auch ein schönes Geschenk.

•• 89 Meisenglocke

Meisen sind kleine, bunte Singvögel, die in der Regel 10 bis 12 cm groß werden. Zu den bekanntesten zählen die Blaumeise und die Kohlmeise. Beide haben knallgelbe Bauchfedern – sehr hübsch. Als Körnerfresser finden die Meisen im Winter kaum noch Nahrung. Du kannst ihnen aber in dieser Zeit helfen – mit einer Meisenglocke zum Beispiel. Und während es sich die kleinen Vögel schmecken lassen, kannst du sie beobachten.

Das brauchst du

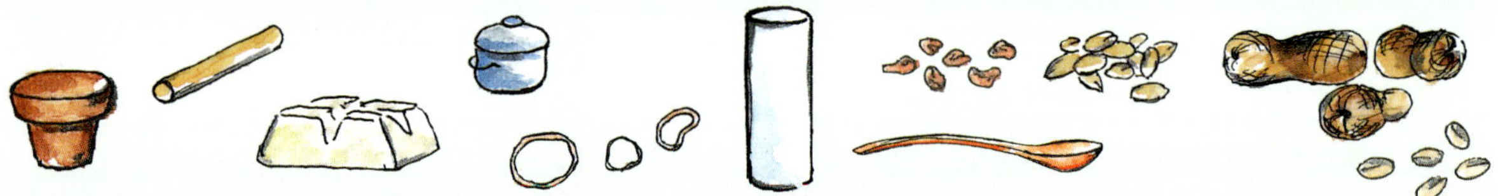

1 kleines Blumentöpfchen, 1 etwa 30 bis 40 cm langen Holzstab, der gerade durch das Bodenloch des Töpfchens passt, Pflanzenfett, 1 kleinen Kochtopf, 2 Gummiringe, 1 Glas, 1 Teelöffel. Für die **Futtermischung**: 1 kleine Portionen Sonnenblumenkerne, Rosinen, ungesalzene Erdnüsse, Haferflocken (oder käufliches Fettfutter für Weichfresser)

So geht's

▶ 1. Schmelze das Pflanzenfett in einem Topf. Achtung: Nicht bei hoher Hitze schmelzen, sonst musst du zu lange warten, bis das Fett wieder fest wird!

▶ 2. Rühre die Futtermischung in das Fett ein.

▶ 3. Befestige an einem Ende des Holzstabs einen Gummiring. In der Zeichnung ist dieser Ring mit dem Buchstaben „A" gekennzeichnet. Vom anderen Ende des Stabes her schiebst du den Topf mit dem Boden voran bis zum Gummi.

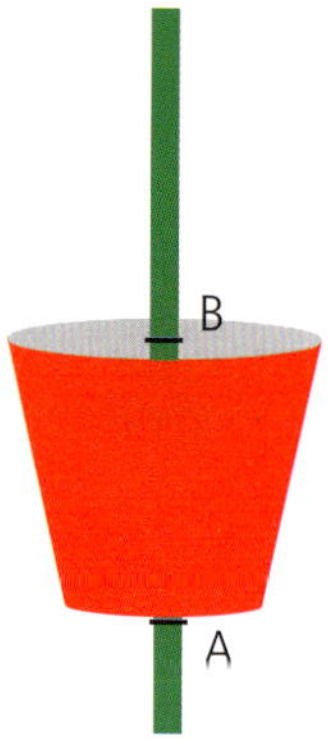

▶ 4. Fülle die erkaltete Futtermischung mit dem Teelöffel in den Topf, bis er randvoll ist. Danach wickelst du den zweiten Gummiring oben um den Holzstab. Rolle ihn bis zum Futter hinunter (B).

▶ 5. Das Fett muss noch aushärten. Stell den Topf dafür in das Glas.

▶ 6. Wenn das Fett fest ist, brauchst du nur noch den Blumentopf kopfüber zu halten und den Holzstab in die Erde von Blumenkästen zu stecken.

Hinweis

Vogelfutter darf nicht durch Vogelkot beschmutzt werden. Deshalb wird die Meisenglocke kopfüber gehalten. Meisen sind sehr leichte Vögel. Sie können sich am unteren Holzstab festkrallen und von unten her ihre Kraftnahrung aus der Futterglocke picken.

Bemalte Steine 90

Steine gibt es in allen Größen und Formen. Wenn du am Flussufer oder am Meer entlang gehst, findest du besonders schöne, von Wasser und Sand glatt geschliffene Steine. Oft sind sie uralt und können dir erzählen, wie die Welt vor Tausenden von Jahren aussah. In der Eiszeit zum Beispiel.
Wenn du sie schön anmalst, werden sie bei dir zu Hause zu Briefbeschwerern, Glückssteinen oder zu Zahl- oder Alphabetsteinen.

Das brauchst du

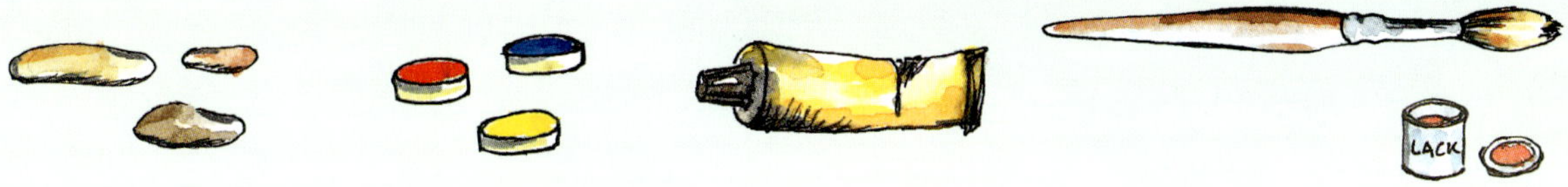

Für die **Briefbeschwerer** größere, möglichst glattflächige, evtl. ovale Steine; als **Glückssteine** kleinere, flache, runde Steine; für die **Zahl- und Alphabetsteine** flachere Steine; Farbe, Pinsel, Klebstoff, Klarlack

So geht's

▶ 1. Bemale die Steine so, wie sie dir gefallen. Die kleineren Glückssteine kannst du als Marienkäfer oder als rosa Schweinchen bemalen und anschließend lackieren. Glückssteine kannst du jemandem schenken, dem du Glück wünschen möchtest.

▶ 2. Für ein Steine-Alphabet brauchst du ganz viele kleine Steine. Auf jeden malst du einen Buchstaben des Alphabets. Da zum Beispiel das „E" sehr häufig vorkommt, malst du mehrere „E"-Steine. Versuche nun, Wörter zu legen. Beginne mit deinem Namen.
Das Gleiche kannst du mit Zahlen machen. Male die Zahlen von 0 bis 10 auf je einen Stein, dazu ein Pluszeichen, ein Minus- und ein Gleichheitszeichen. Lege mit den Zahlensteinen kleine Rechenaufgaben. Jetzt kannst du zeigen, wie gut du schon rechnen kannst.

▶ 3. Oder bastle hübsche Steinfiguren: Nimm einen größeren Stein und klebe unten zwei kleine, flache Steine an. Das sind die Füße. Als Klebstoff verwendest du am besten Zwei-Komponenten-Kleber. Frage deine Eltern danach.
Auf das andere Ende des Steins klebst du einen flachen Kopf-Stein. Lass den Klebstoff trocknen und male die Figur an.

91 Zapfenvögel

Das ist aber ein ungewöhnlicher Vogel: Er ist bunt wie ein Papagei und sieht aus wie ein Tannenzapfen, dem Flügel gewachsen sind. Und wenn du näher hinschaust, dann wirst du bemerken, dass der Vogel tatsächlich einmal ein Tannenzapfen war. Lass ihn bei dir zu Hause fliegen! Ein Tipp: Der Zapfenvogel ist ein äußerst geselliges Wesen. Er mag es, wenn er mit seinesgleichen zusammen ist. Stelle ihm also noch ein paar Freunde zur Seite. Danke!

Das brauchst du

Kiefern- und Tannenzapfen, bunte Vogelfedern, farbiges Tonpapier, Farben, Pinsel, Knetmasse, Faden, 1 Schere, Klebstoff

So geht's

▶ 1. Klebe die Vogelfedern an das runde Ende des Zapfens. Das spitz zulaufende Ende ist der Schnabel.

▶ 2. Schneide aus Papier ein Flügelpaar aus und klebe es an den Zapfen an.

▶ 3. Damit du den Zapfen besser bemalen kannst, drückst du ihn mit der Unterseite in einen Klumpen Knetmasse.

▶ 4. Bemale den Zapfen. Mit der Schere schneidest du kleine Papierpunkte aus und klebst sie als Augen an.

▶ 5. Zum Schluss bindest du einen Faden an das Zapfentier, damit du es aufhängen kannst.

Tipp

Zapfenmänner

Das brauchst du zusätzlich

1 Papier- oder Styroporkugel, Wollreste

So geht's

▶ 1. Suche einen Zapfen aus, der auf dem dickeren Ende gut steht. Klebe auf die Spitze die Papierkugel als Kopf auf.

▶ 2. Male ein Gesicht auf die Kugel und klebe ein paar Wollreste als Haare an.

▶ 3. So machst du einen Hut: Schneide einen Halbkreis aus dem Tonpapier aus, rolle ihn ein und klebe die Kante fest.

▶ 4. Bestreiche den Innenrand des Hutes mit Klebe und setze den Hut auf die Papierkugel.

Körnerbilder 92

Ob Weizen, Hafer oder Hirse, Erbsen oder Linsen, Reis oder Nudeln – mit all diesen Lebensmitteln kannst du schöne Bilder gestalten. Gerade zur Weihnachtszeit sind diese kleinen Kunstwerke gern gesehen. Ziehe einfach einen Faden durch das Bild und schon hast du einen tollen Baumschmuck. Und wenn du statt des Tonpapiers ausgeblasene Eier nimmst und sie beklebst, hast du einen hübschen Osterschmuck.

Das brauchst du

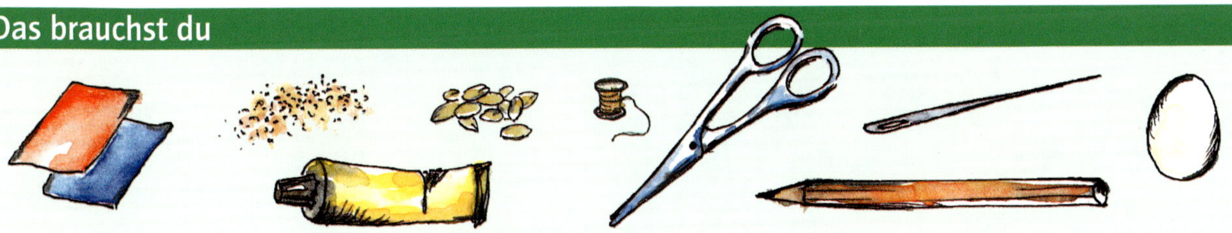

Tonpapier, verschiedene Gewürzkörner, Samen, Reiskörner, Nudeln, Getreidekörner wie Roggen, Hafer, Weizen, Hirse, rote und grüne Linsen, Erbsen, Klebstoff, 1 Schere, 1 Bleistift, Nähgarn, 1 dicke Nadel, ausgeblasene Eier

So geht's

1. Zeichne auf dem Tonpapier verschiedene Motive auf und schneide sie aus. Sterne, Weihnachtsmänner oder Schlitten eignen sich besonders gut für die Weihnachtszeit, Ostereier und Hasen für die Osterzeit.
2. Dann streichst du die Formen mit Klebstoff ein und legst die Körner und Samen dicht an dicht auf das Papier. Lass das Papier so lange liegen, bis der Klebstoff trocken ist. Du kannst die Motive auch von beiden Seiten bekleben.
3. Fädle dann einen Faden in die Nadel ein, stich oben in den Anhänger ein Loch und führe den Faden hindurch. Knote den Faden zusammen.
4. Ostereier kannst du auf die gleiche Art bekleben. Streiche eine Partie der Eioberfläche mit Klebstoff ein und drücke vorsichtig die Körner auf die Klebefläche. Danach fährst du mit einer weiteren Partie fort.

93 Walnuss-Figuren

Walnuss-Figuren sind witzige, kleine Zeitgenossen mit einem kugelrunden Bauch. Gerade zur Weihnachtszeit erobern sie hierzulande die Kinderzimmer: Walnüsse gibt es nämlich nicht das ganze Jahr über zu kaufen – ihre große Stunde schlägt um die Weihnachtszeit. Ein Tipp: Lass dir beim Knacken der Nüsse von einem Erwachsenen helfen, damit die beiden Nuss-Schalen unversehrt bleiben. Am besten geht das mit einem Messer.

Das brauchst du

2 Walnussschalenhälften, farbiges Tonpapier, Klebstoff, Filzstifte, 1 dünnen Faden, 1 Schere, 1 Nadel

So geht's

- 1. Schneide aus Tonpapier eine Figur aus. Achte darauf, dass du die Figur groß genug ausschneidest: Der Bauch sollte so groß wie eine Walnuss sein. Schau dir die Zeichnung genau an.
  Oben auf dem Kopf lässt du eine kleine Lasche stehen, die du mit einer dicken Nadel durchstichst. Durch dieses Loch fädelst du später einen Faden hindurch.
- 2. Male der Figur ein Gesicht auf.
- 3. Dann klebst du die Walnussschalen von beiden Seiten auf das Papier, sodass die Figur einen Bauch bekommt.
- 4. Ziehe den Faden durch das Loch und verknote die Enden.

Tipp

Wenn du einen Nikolaus, einen Weihnachtsmann oder einen Engel ausschneidest, hast du auch einen schönen Schmuck für den Weihnachtsbaum.

Holzfiguren 94

Gehst du in den Ferien öfter am Meer oder am Ufer eines Flusses spazieren? Dann halte das nächste Mal Ausschau nach Treibholz. Schau dir die Holzstücke genauer an, die ans Ufer gespült wurden! Viele Stücke erzählen dir spannende Geschichten von einer langen Fahrt im Wasser. Und in manchen entdeckst du plötzlich witzige Gesichter. Sammle dieses besondere Holz, lass es zu Hause trocknen und male seine „Gesichtszüge" nach.

Das brauchst du

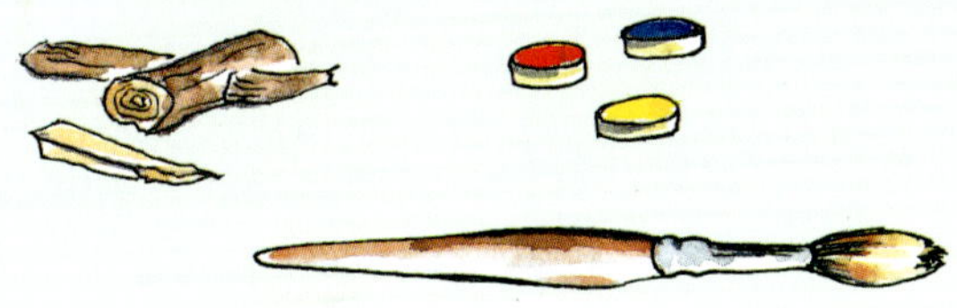

Angeschwemmtes Holz, Acrylfarben, dünne Pinsel

So geht's

▶ 1. Suche die Gesichter auf deinem Holz und male sie an. Sind die Farben getrocknet, kann das Figurenspiel beginnen – zum Beispiel zu diesem kleinen Märchen:

Es war einmal ein junger Hering, der wunderschön war. Das Blaugrün seiner glänzenden Schuppen leuchtete ungewöhnlich stark, und wenn die Sonne einmal durch das Wasser stach und seine Schuppen berührte, erglomm das Meer in ihren Farben. Die Alten des Schwarms waren sich sicher, noch nie einen solch prächtigen Hering hervorgebracht zu haben – und einen so mächtigen dazu, denn er verlieh dem Meer seine leuchtend blaugrüne Farbe.
Da der Hering knapp zwei Jahre alt war, spielte und tollte er mit seinen Freunden herum. Und jedes Mal, wenn die Sonne durch die Wolkendecke brach, schwamm der Hering zu dem Licht und ließ das Meer in einem intensiven Licht erstrahlen. Doch gefiel das nicht allen Meeresbewohnern. Sie fühlten sich in einem Meer wohler, in dem es dunkel ist und grau. Und so kam eines Tages eine riesengroße Krake zu unserem Hering und sagte, er solle die Sonne meiden und das Meer belassen wie es ist: dunkel und grau. Der Hering verstand die Welt nicht mehr und konnte das Ansinnen der Krake nicht begreifen. Und da er sehr jung und forsch war, sagte er keck: „Meine liebe Krake, wenn ich so hässlich wäre wie Sie, würde ich mir auch die Sonnenfinsternis herbeiwünschen." Kaum hatte er das gesagt, verwandelte ihn die Krake in einen alten Holzstock. Sie hatte nämlich Zauberkräfte. Seit dieser Zeit ist das Licht des Meeres erloschen. Du kannst dich selbst davon überzeugen. Und seit dieser Zeit auch treibt der schöne grüne Hering als Treibholz durch die Meere – immer in der Hoffung, eines Tages an Land gespült zu werden, wo ihn ein Kind aufgreift und bunt anmalt. Das ist nämlich die einzige Möglichkeit, den Zauber der Krake zu brechen. Denke an diese Geschichte, wenn du das nächste Mal Treibholz sammelst und anmalst. Vielleicht verwandelt sich das Holz dann in den schönen Hering.

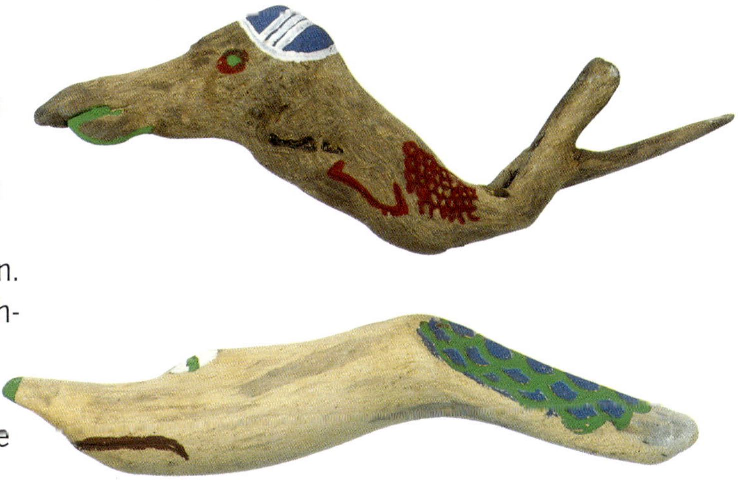

95 Pflanzen pressen

Nimm bei deinem nächsten Spaziergang einen Schuhkarton und eine Schere mit. Gewiss wirst du am Wegesrand viele hübsche Pflanzen sehen, die du sammeln und zu Hause pressen kannst. Aber Achtung: Manche der Pflanzen sind so selten, dass sie geschützt werden müssen und unter Naturschutz stehen. Die darfst du nicht pflücken. Frage im Zweifelsfall deine Eltern. Zarte Pflanzen, Blütenblätter und Blätter lassen sich am besten pressen.

Das brauchst du

1 Schuhkarton, 1 Schere, 1dickes Buch, Löschpapier, Zeitungspapier

Tipp 1

Wenn du Blätter von unterschiedlichen Bäumen und Pflanzen nimmst, kannst du dir ganz leicht ein **Memory-Spiel** basteln.
Nimm von jeder Pflanzensorte zwei Blätter und klebe sie auf gleichgroße, viereckige Kärtchen aus Pappe. Du solltest auf insgesamt 20 bis 24 Spielkarten kommen. Je mehr Karten du hast, desto spannender und aufregender wird das Spiel.
Nun frage deine Freunde, Geschwister oder Eltern, ob sie mit dir spielen möchten. Zu Anfang mischst du alle Karten und legst sie mit dem Pflanzenmotiv nach unten auf den Tisch. Nun decken die Spieler nacheinander und reihum immer zwei Karten auf. Wenn du zwei gleiche aufdeckst, kannst du das Paar behalten, sonst drehst du sie wieder um. Gewonnen hat der Spieler, der am Ende die meisten Kartenpaare hat.

So geht's

- 1. Zu Hause legst du die gesammelten Pflanzen auf Zeitungspapier aus. Lass sie ein paar Stunden an der Luft trocknen.
- 2. Lege sie dann auf Löschpapier. Schlage das dicke Buch in der Mitte auf und lege das Löschblatt hinein. Decke die Pflanze mit einem weiteren Löschblatt ab. Dann schließe das Buch. Es dauert einige Tage, bis die Pflanzen trocken sind.
- 3. Jetzt kannst du die getrockneten Pflanzen aufkleben.

Tipp 2

... oder bastle dir ein **Bilderbingo-Spiel**. Dafür zeichnest du auf einem Bogen Pappe acht gleichgroße Quadrate. Zeichne sie aber groß genug ein, denn anschließend klebst du in jedes Feld ein getrocknetes Blatt. Das gleiche machst du mit einem zweiten Bogen Pappe. Diesen schneidest du aber entlang der aufgezeichneten Linien auseinander. Bastel mindestens zwei Spielesets.
Jeder Spieler bekommt einen Bogen. Die einzelnen Karten werden gemischt, umgedreht und auf den Tisch gelegt.
Ein Spieler beginnt und nimmt sich eine Karte. Wenn das Bild mit einem Motiv auf seinem Bogen übereinstimmt, legt er es darauf. Sonst legt er die Karte verdeckt in die Mitte zurück. Dann nimmt sich der andere Spieler eine Karte und sucht ein dazu passendes Bild auf seinem Bilderbogen. Der Spieler, der als Erster seinen Bogen gefüllt hat, hat gewonnen.

Lesezeichen

Bücher sind klasse. Ob Bilderbuch oder Lesebuch – immer erzählen sie dir schöne und spannende Geschichten. Oft sind die Bücher aber so dick, dass du sie unmöglich an einem Tag durchlesen kannst. Du klappst sie dann am Abend zu – und weißt am nächsten Tag nicht mehr, auf welcher Seite du aufgehört hast. Für diese Fälle brauchst du ein Lesezeichen. Bevor du das Buch zuklappst, legst du das Zeichen einfach zwischen die Seiten.

Das brauchst du

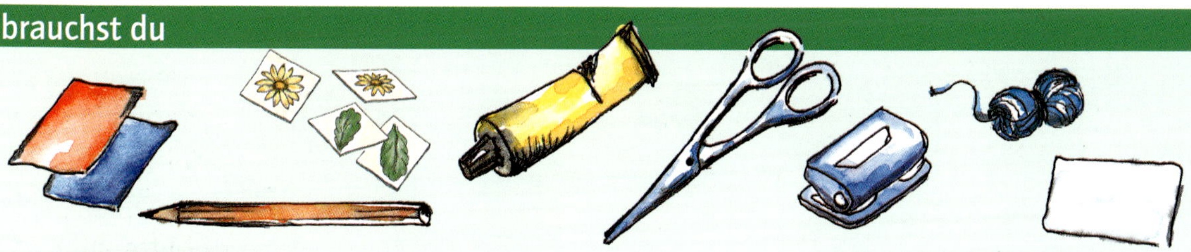

Farbiges Tonpapier, getrocknete Blüten oder Blätter, Klebstoff, 1 Schere, 1 Bleistift, 1 Locher, 1 Wollfaden, durchsichtige Klebefolie, evtl. 1 Nadel

So geht's

1. Schneide aus dem Tonpapier eine schöne Form für das Lesezeichen aus.
2. Gib auf die Rückseite der getrockneten Blüten oder Blätter etwas Klebstoff und lege sie auf das ausgeschnittene Papier.
3. Nun ziehst du ein Stück Klebefolie darüber. Drücke sie fest an. Schneide die überstehende Folie an den Rändern ab. Achte aber beim Kleben darauf, dass keine Luftblasen unter der Folie bleiben. Wenn doch welche entstanden sind, nimm eine Nadel und stich vorsichtig hinein, damit die Luft entweichen kann. Mit dem Locher knippst du am oberen Ende ein Loch in das Papier, und ziehst einen Faden durch.

Tipp 3

Schreib doch ein eigenes kleines Lexikon! Sammle alle Blätter und Blüten, die du finden kannst. Trockne und presse sie. Anschließend klebst du sie in ein neues Schulheft. Unter die Blätter und Blüten schreibst du den Pflanzennamen. Frage deine Eltern oder Biologielehrer, ob sie den Namen der Pflanze kennen. Frage auch, wann die Pflanzen blühen und ob sie Früchte tragen. So bastelst du dir dein eigenes „**Bestimmungsbuch**". Nimm es bei deinen nächsten Spaziergängen mit – so kannst du immer nachschlagen, welche Pflanzen am Wegesrand wachsen.

Tipp 4

Aus gepressten Blättern und Blüten kannst du auch **schöne Bilder** kleben. Kleb zum Beispiel eine Blüte aufs Papier und male ein Bild drumherum. Beginne mit dem Stängel, dann die Blätter, Nachbarpflanzen ...

•• 96 Vulkaninsel

Der Ausbruch eines Vulkans ist ein gewaltiges Naturereignis, das du mit dieser Anleitung nachahmen kannst. Der Wissenschaftler spricht bei einer solchen Nachahmung von einer „Simulation". Der größte Vulkan Europas heißt „Ätna" und liegt an der Ostküste Siziliens. Er ist 3.323 Meter hoch. Dein Vulkan ist sehr viel kleiner als der Ätna. Aber er zeigt dir sehr schön, was bei einem Vulkanausbruch geschieht. Schau dir das mal an – und staune!

Das brauchst du

2 kleine Glasflaschen, etwas Essig, 2 Teelöffel Backpulver oder doppeltkohlensaures Natron, etwas rote Lebensmittelfarbe, Trichter, 1 großen Teller, Klebstoff, Sand, farbiges Papier, Klebeband, 1 Schere, 1 Bleistift

So geht's

▶ 1. Vermische in einer der Flaschen die Lebensmittelfarbe mit dem Essig, benutze dabei den Trichter. Spüle und trockne ihn ab, wenn du ihn benutzt hast.

▶ 2. Gib in die zweite Flasche das Backpulver. Benutze dafür den Trichter. Nun stellst du die Flasche auf den Teller. Mit dem Sand formst du um die Flasche herum einen kleinen Berg. Bestreiche den Flaschenhals mit etwas Klebe, damit der Sand daran haftet. Die Flaschenöffnung musst du unbedingt frei lassen.

▶ 3. Nun bastelst du aus Papier eine Palme. Zeichne die Blätter vor und schneide sie aus. Denke auch an den Blattstiel (A).

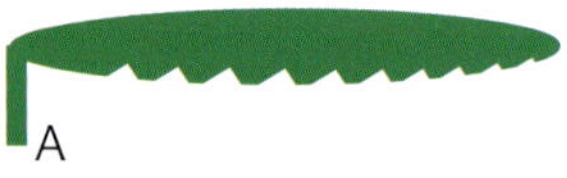

Rolle ein rechteckiges Stück Papier so ein, dass ein „Stamm" entsteht. Oben und unten hältst du das Papier mit Klebeband zusammen (B und C). An die Spitze klebst du die Palmblätter. Das fertige Bäumchen steckst du ebenfalls in den Sand.

▶ 4. Und jetzt kommt der spannende Augenblick: Du lässt den Vulkan ausbrechen. Fülle mit dem Trichter die Essig-Flüssigkeit in den Vulkankrater und ziehe den Trichter schnell weg. Sobald sich der Essig mit dem Backpulver vermischt, blubbert eine farbige, schaumige Flüssigkeit hervor, der Vulkan speit die „Lava" aus!

Erklärung

Der Vulkanausbruch beruht auf einer chemischen Reaktion. Bringst du Essig und doppeltkohlensaures Natron zusammen, entsteht ein unsichtbares Gas. Der Chemiker nennt es „Kohlendioxid". Dieses Gas schäumt das Essig-Pulver-Gemisch auf. Dadurch dehnt es sich aus, es „blubbert" und tritt aus der Flaschenöffnung aus.

Fülle ein Wasserglas zur Hälfte mit Wasser und gib einige Spritzer Spülmittel hinzu. Tauche einen Trinkhalm ins Wasser und puste. Was passiert? Es blubbert und schäumt. Schließlich tritt der Schaum über den Glasrand. Mit deiner Atemluft hast du die Wasser-Spülmittel-Lösung aufgeschäumt, sodass sie nicht mehr ins Glas hineinpasst – und als Schaum „überläuft". Das Gleiche geschieht im Prinzip bei deinem selbst gebastelten Mini-Vulkan.

Tipp

Mit Essig und doppeltkohlensaurem Natron kannst du auch ein verblüffendes Experiment machen. Führe dieses Experiment jedoch nicht ohne deine Eltern durch!

Das brauchst du

1 kleines Glas, 1 Becher, Essig oder Essigkonzentrat, doppeltkohlensaures Natron oder Backpulver (das enthält das doppeltkohlensaure Natron), 1 kleinen Löffel, 1 Teelicht, Streichhölzer

So geht's

- ▶ 1. Zünde das Teelicht an und stelle es vorsichtig ins Glas.
- ▶ 2. Gib einen Löffel Backpulver in den Becher. Übergieße es mit etwas Essig.
- ▶ 3. Verschließe die Becheröffnung mit deiner flachen Hand.
- ▶ 4. Gib die Becheröffnung wieder frei und neige den Becher vorsichtig über die Flamme. Vorsicht: Achte darauf, dass die Flüssigkeit nicht ausläuft.
- ▶ 5. Die Flamme erlischt wie von Zauberhand.

Was ist passiert? Das entstandene Gas „Kohlendioxid" ist schwerer als Luft, deshalb fließt es aus dem geneigten Becher wie Wasser. Es sammelt sich dann auf dem Boden des Glases, umgibt die Flamme und nimmt ihr so den nötigen Sauerstoff – die Flamme erlischt.

Diese chemischen Reaktionen sind nicht gefährlich. Trotzdem solltest du weder den Vulkanausbruch noch das Kerzen-Experiment allein und ohne einen Erwachsenen durchführen – schließlich haben sie auch ihren Spaß daran.

Achtung

Den Teller mit der Vulkaninsel stellst du am besten draußen auf. Wenn der Vulkan in der Küche ausbrechen soll, dann lege den Tisch auf jeden Fall großzügig mit Zeitungspapier aus.

•• 97 Vierflügeliges Windrad

Sicher hast du schon mal bemerkt, dass der Wind ganz schön kräftig wehen kann. Immerhin kann er dir deine Mütze vom Kopf pusten und dein Fahrrad umwerfen. Und wenn du einen Drachen steigen lässt, spürst du, wie der Drachen an der Leine zieht. Das ist der Wind. Aber die größten Nutznießer der Windkraft sind die Windmühlen. Eine Miniausgabe kannst du dir mit dieser Anleitung basteln. Sie sieht sehr hübsch in einem Blumenbeet aus.

Das brauchst du

Tonpapier, etwa 20 bis 25 cm stärkeren Draht, 1 große und 1 kleine Holzperle, 1 Rundholzstab, Klebstoff, 1 Bleistift, 1 Lineal, 1 Filzstift, 1 Schere, 1 kleine Kombizange

So geht's

▶ 1. Zeichne auf das farbige Tonpapier ein Quadrat der Größe 30 x 30 cm auf. Schneide das Quadrat aus.

▶ 2. Auf das Quadrat zeichnest du nun zwei diagonale Linien und schneidest an ihnen entlang, aber nicht ganz bis zur Mitte, hör vier Zentimeter vorher auf zu schneiden.

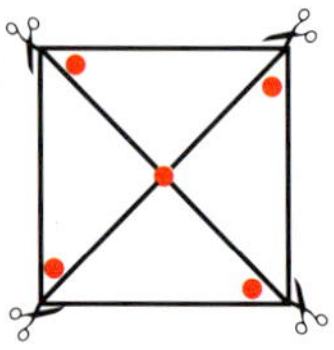

▶ 3. Stich in die Mitte des Quadrats ein kleines Loch. Durchstich auch jede zweite Ecke der Flügelspitzen (rote Punkte).

▶ 4. Biege das Ende des Drahtes um und setzte eine kleine Holzperle darauf. Schneide aus dem Tonpapier einen kleinen Kreis von etwa 6 cm Durchmesser. In die Mitte der Scheibe machst du ein Loch. Setze die Scheibe auf die Holzperle.

▶ 5. Nun legst du die Flügelspitzen mit einem Loch vorsichtig zur Mitte des Quadrats. Anschließend führst du den Draht von vorn durch alle Löcher hindurch.

▶ 6. Auf der Rückseite der Mühle fädelst du die große Perle auf den Draht. Wickle dann das Drahtende mehrfach um das Ende des Holzstabs. Achte darauf, dass das Windrad „Spiel", also genug Platz hat, um sich drehen zu können.

Futterhäuschen 98

Im Winter, wenn es schneit, haben die heimischen Vögel ein kleines Problem: Sie finden bei dieser Kälte unter der dicken Schneedecke nicht genug zu fressen. Da kommt ihnen natürlich dieses Futterhäuschen gerade recht. Besonders dann, wenn du ein paar Leckereien bereitgestellt hast: Sonnenblumenkerne und Nüsschen haben sie zum Beispiel besonders gern. Dein Futterhäuschen wird so zu einem beliebten „Landeplatz" für die Vögel.

Das brauchst du

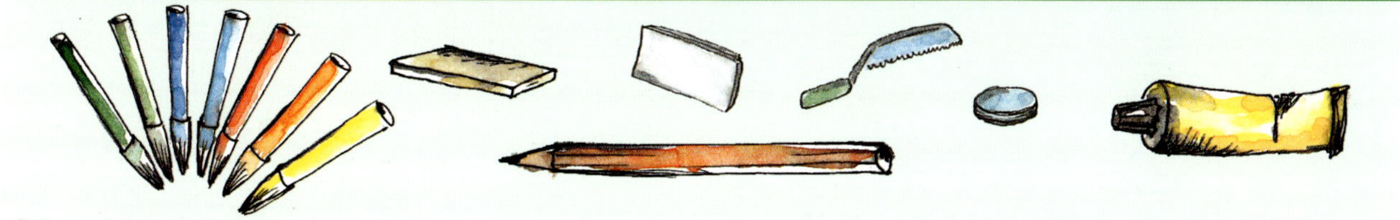

3 Pappel-Sperrholzplatten (30 x 20 x 0,4 cm), 1 Bleistift, 1 Filzstift, 1 langen und 4 cm breiten Pappstreifen, 1 Laubsäge mit Sägeblatt, 2 flache mittelgroße Deckel, Klebstoff

So geht's

1. Schneide etwa 20 cm vom Pappstreifen ab. Den Rest brauchst du nicht mehr. Benutze deinen Pappstreifen wie ein Lineal.
2. Lege den Pappstreifen bündig an die jeweils kürzeren Seiten der Sperrholzplatte. Ziehe mit dem Bleistift jeweils einen Strich von oben bis unten (A). Dies machst du bei allen drei Platten.

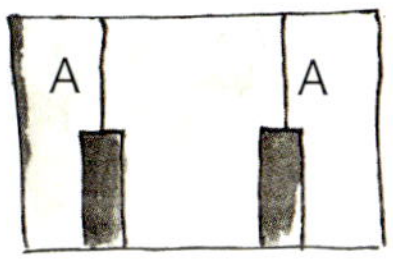

3. Knicke deinen Pappstreifen zur Hälfte und schneide die eine Seite ab.
4. Lege das kleinere Pappstück wieder genau auf den kürzeren Seitenrand und zeichne mit dem Filzstift nun jeweils wie folgt ein (B):

Achtung: die Linien in der Zeichnung (B) sind etwas zu dick eingezeichnet! Sie dürfen nur etwa 0,5 cm stark sein.

5. Säge die Filzstiftlinien aus.
6. Jetzt kannst du dein Futterhäuschen zusammensetzen. Dafür schiebst du die drei Platten einfach in die Schlitze zu einem Dreieck zusammen.
7. Klebe die Deckel auf die Innenfläche.

Nun brauchst du nur noch etwas Vogelfutter hineinzustreuen.

99 Blattbötchen

Das kleinste Boot der Welt ist es sicherlich nicht – bestimmt gibt es noch kleinere Boote. Aber mit Sicherheit gibt es kein Boot, das so einfach und schnell herzustellen ist. Du brauchst nur zwei Blätter und ein wenig Knetmasse. Nimm also bei deinen nächsten Spaziergängen immer etwas Knetmasse mit. Vielleicht kommst du an einem kleinen See vorbei – und schon kann das kleine Blattboot in See stechen.

Das brauchst du

1 großes stabiles Blatt von einem Baum oder Strauch, ein wenig Knetmasse, 1 kleines Blatt mit Stiel

So geht's

▶ 1. Setze ein Klümpchen Knetgummi auf die Mitte des großen Blattes. Drücke das Klümpchen vorsichtig an. Wenn du kein Knetgummi hast, kannst du auch ein wenig von deinem Kaugummi verwenden.

▶ 2. Stich in die Knetmasse den Stängel des kleinen Blattes.

▶ 3. Nun lass das Boot zu Wasser und schau zu, ob sich das Bötchen auf den Wellen behaupten kann.

Tipp

Auch aus den Schalen von Walnüssen lässt sich prima ein Bötchen bauen.

Das brauchst du

Zahnstocher, Walnuss-Schalen, Knetgummi, Papier, Schere

▶ 1. Nimm die Hälfte einer Walnuss-Schale und klebe ein kleines Klümpchen Knetmasse hinein.

▶ 2. Schneide ein kleines Papierquadrat aus. Spieße es mit dem Zahnstocher an der unteren Kante und an der oberen Kante auf. Das ist das Segel.

▶ 3. Drücke das Ende des Zahnstochers in die Knetmasse – fertig ist das Boot.

Hinweis:

Reiß bitte nur die Blätter von den Bäumen ab, die du brauchst, nicht mehr. Bedenke, dass die Bäume uns durch ihre Blätter mit Sauerstoff versorgen.

Wundersame Waldwesen 100

Im Wald leben ja eine ganze Menge sonderbare Gestalten: Elfen, Kobolde, Waldgeister, Zwerge und Feen zum Beispiel. Wenn du bei einem Spaziergang durch den Wald die Augen offen hältst, dann siehst du vielleicht das eine oder andere märchenhafte Wesen. Aber Vorsicht: Sie sind sehr scheu. Normalerweise kommen sie erst bei Dämmerung aus ihren Verstecken hervor und werden munter, wenn du eigentlich schon lange schläfst.

Das brauchst du

Alles, was man bei einem Waldspaziergang so findet: kleine Holzstückchen, Blätter, Bucheckern, Eicheln, Kastanien, Moos, Pilze, Klebstoff, eventuell etwas Bastfaden

So geht's

1. Sammle bei einem Spaziergang im Wald alles, was du gut trocknen kannst und was dir interessant erscheint.
2. Lass die Materialien zu Hause ein wenig trocknen, bevor du mit ihnen bastelst.
3. Setze die Materialien ganz nach deiner Fantasie zusammen. Siehst du die verzauberten Waldwesen?

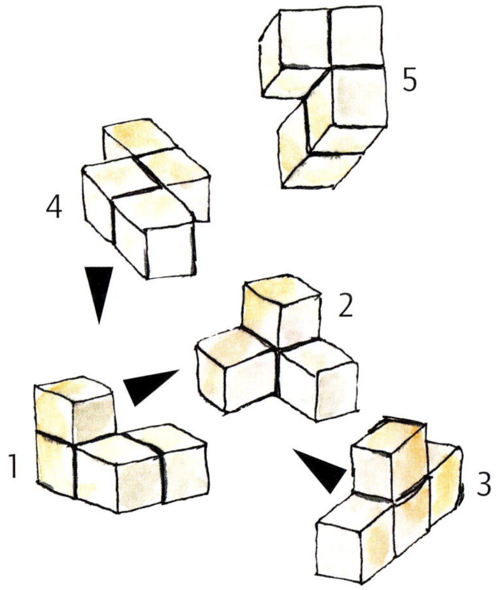

Lösung vom Rätsel auf Seite 26

Schiebe die Teile 1 und 2 zusammen und setze Teil 3 davor. Teil 4 legst du von oben in die entstandene Lücke. Mit Teil 5 schließt du die zweite Ebene. Wie geht es weiter?

Dank an

Clara und Angi Cremer für das Zusammentrommeln der Kinder,
Pfarrer Mackscheidt für das Bereitstellen des Gemeinderaums der Ev. Kirchengemeinde Elmpt,
die Hausmeisterin Frau Pethke, die immer sofort zur Stelle war, wenn wir den Raum benötigten,
die überaus geduldigen Eltern, die mitunter lange gewartet haben, bis ihre Kinder fotografiert wurden,
Clara und Angi Cremer, Pascal Götz, Heike und Miriam Hahn und Nobbi Utz für ihre Ideen im Bereich „Kleine Künstler",
Holymond Pütz, Renate und Yuko Kataoka im Bereich „Spielzeug für draußen und drinnen",
Uli Mader im Bereich „Wir haben Hunger, Hunger, Hunger",
Christiane Pues in den Bereichen „Kleine Künstler", „Wir verkleiden uns" und „Wir haben Hunger",
und Rolf Keßler und Georg Hüttges für die kreativen Vorschläge im Bereich „Wir hauen auf die Pauke".

Das Werk einschließlich aller seiner Teile ist urheberrechtlich geschützt. Jede Verwertung außerhalb des Urheberrechts ist ohne Zustimmung des Verlages unzulässig und strafbar. Das gilt insbesondere für Vervielfältigungen, Übersetzungen, Mikroverfilmungen und die Einspeicherung und Verarbeitung in elektronischen Systemen.

Der Inhalt des Buches ist sorgfältig recherchiert und erarbeitet worden. Dennoch können weder Autoren noch Verlag für alle Angaben im Buch eine Haftung übernehmen.

Der Text dieses Buches folgt den neuen Regeln der deutschen Rechtschreibung.

Weltbild Buchverlag
© 1999 by Weltbild Verlag GmbH, Augsburg

Konzeption, Gestaltung, Redaktion und Produktion:
Wiedemeier & Martin, Düsseldorf

Projektleitung:
Ulrike Hesse

Fotos:
Frank Wiedemeier, Düsseldorf

Illustrationen:
Barbara Pagenkemper, Düsseldorf

Satz:
Anja Neumann, Essen

Reproduktion:
Repro Ludwig, Zell am See (Österreich)

Druck und Bindung:
Druckerei Appl, Wemding

Printed in Germany

ISBN 3-89604-525-3